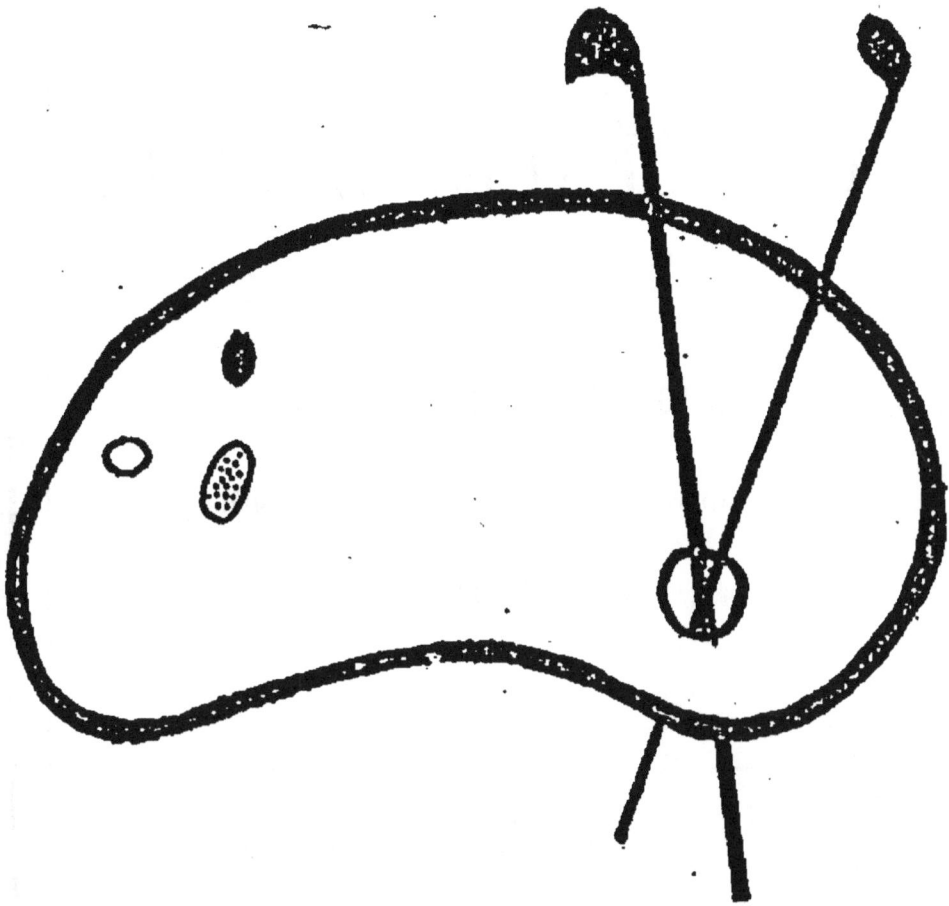

COUVERTURE SUPERIEURE ET INFERIEURE
EN COULEUR

CHRONIQUE SAGIENNE

SAINT-CÉNERI-LE-GÉRÉ

(ORNE)

SES SOUVENIRS, SES MONUMENTS,

Avec approbation de Mgr l'Evêque du Mans,

Par l'Abbé P.

Ossa ipsius visitata sunt.
D'un ermite pieux on vénère la tombe.
(Eccl., XLIX.)

~~~~~~

LE MANS

IMPRIMERIE MONNOYER FRÈRES, PLACE DES JACOBINS

- 1865.

Lith Monnoyer frères, au Mans.

ÉGLISE DE St CÉNERI.

CHRONIQUE SAGIENNE

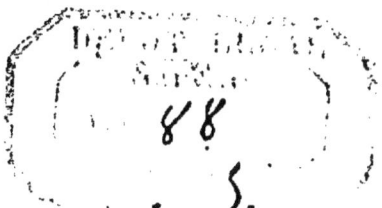

SAINT-CÉNERI-LE-GÉRÉ

(ORNE)

SES SOUVENIRS, SES MONUMENTS,

Avec approbation de Mgr l'Evêque du Mans,

Par l'Abbé P.

Ossa ipsius visitata sunt.
D'un ermite pieux on vénère la tombe.
(Eccl., XLIX.)

LE MANS ·
IMPRIMERIE MONNOYER FRÈRES, PLACE DES JACOBINS
1865.

APPROBATION
DE MGR L'ÉVÊQUE DU MANS

Avant de livrer notre travail à la publicité, nous l'avons soumis au jugement si éclairé de Mgr l'Évêque du Mans. Sa Grandeur a daigné nous adresser les lignes suivantes :

« *Le Mans, 24 juin 1865.*

« Monsieur le Chanoine,

« J'ai lu avec un vif intérêt votre travail sur
« saint Céneri, et je ne doute pas que vos
« savantes et patientes recherches ne soient
« justement appréciées par tous ceux qui aiment
« les études historiques. Votre livre aura le
« mérite plus grand encore de faire mieux con-
« naître un des saints protecteurs de notre pays,
« et, par là, de ranimer la dévotion des fidèles à
« son égard.

« Veuillez agréer, Monsieur le chanoine, l'as-
« surance de mon affectueux dévouement.

« † Charles, Év. du Mans. »

INTRODUCTION.

————

Sur les confins de la Normandie et du Maine, là où les départements de la Sarthe, de l'Orne et de la Mayenne semblent s'être donné rendez-vous et se tendre la main, existe une campagne dont l'inégalité du sol, la profondeur des vallées, la forme variée des collines, des rochers grisâtres, saisissent l'âme du visiteur qui, pour la première fois, paraît en ces lieux. Au pied des masses granitiques, des pics élevés et informes qui s'élèvent sur ses bords, la Sarthe promène ses eaux tantôt bruyantes, tantôt plus calmes. Son cours sinueux, qui se fraye un passage au milieu de cette nature bouleversée et en désordre, forme une presqu'île du plus agreste, du plus rare aspect. Autour de cette sorte de promontoire si élevé, s'élèvent bien plus encore, au delà du fleuve, des montagnes hérissées de rochers qui bornent l'horizon et semblent vouloir ensevelir dans sa solitude ce séjour déjà si isolé.

Non loin de là, le Sarthon apporte à la Sarthe le tribut de ses eaux ferrugineuses, et donne un nouveau charme à ce tableau champêtre.

A ces traits rapidement esquissés, on reconnaît Saint-Céneri-le-Geré. Ce village attire, chaque année, une foule d'étrangers. Ses ruines, ses souvenirs, ses monuments procurent un plaisir toujours renaissant. L'archéologue, le paysagiste, le géologue, le guerrier, l'homme religieux y trouvent un aliment à leurs goûts. Les vertus de l'homme solitaire qui attacha son nom à ces monts escarpés ; une église monumentale ; les restes d'une forteresse autrefois redoutable ; des roches primitives ; des panoramas enchanteurs ; un pèlerinage encore subsistant ; une chapelle vénérée ; une fontaine miraculeuse ; des récits merveilleux, forment un assemblage de curiosités, de faits intéressants qui flattent, qui instruisent. C'est le mélange de l'utile et de l'agréable : *Utile dulci*.

Un jour, nous venions de promener nos loisirs, sur cette terre de souvenirs ; un compagnon de voyage, le sourire sur les lèvres, nous demanda s'il fallait ajouter foi à ce qu'on raconte du bienheureux Céneri, et si l'ignorance et la superstition, sa sœur, n'en avaient pas exagéré la célébrité...

Vers le même temps, un jeune artiste d'Alençon, M. Chadaigne, fut chargé de la restauration des peintures murales de l'église de Saint-Céneri. Il nous pria de l'aider dans l'étude d'anciennes légendes qui, au point de vue de l'histoire archéologique, pouvaient lui prêter secours...

Dans le double but d'être utile et de nous instruire nous-même, nous nous mîmes à l'étude. Notre premier soin fut de lire ce qu'on a écrit de saint Céneri, dans ces derniers temps. A une époque où les plaisanteries dédaigneuses du passé n'ont plus cours, et où la science s'efforce de restaurer les monuments de l'histoire, en même temps que les monuments de l'art, il nous fut facile d'apercevoir que de romantiques excursions à l'usage des *mondaines voyageuses qui cherchent des émotions* (1), ne pouvaient être acceptées par ceux qui étudient sérieusement l'histoire du moyen âge, de ses usages, de ses monastères, de ses temples. Nous tournâmes donc nos pensées vers des guides plus sûrs; vers les manuscrits que d'habiles et laborieux cénobites ont légués à nos bibliothèques publiques. Nous sommes heureux d'exprimer ici notre reconnaissance à MM. Daulne et Désulis qui, à la bibliothèque d'Alençon, et aux archives de l'Orne, ont favorisé notre travail avec une exquise complaisance.

Le résultat de nos recherches, nous voulions le garder pour nous, à la façon de l'antiquaire qui aime à grossir sa petite collection, sans autre ambition que celle de se procurer à lui-même une honnête jouissance. Quelques amis nous engagèrent à le coordonner un peu, et à le livrer à la publicité. Le sentiment de notre faiblesse nous empêcha d'abord d'accéder à leurs vœux.

En outre, nous nous rappelions avoir franchi les limites du diocèse du Mans, et avoir glané çà et là sur

(1) Excursion à S. Céneri-le-Géré, par Paul de la Salle, p. 93.

le sol sagien, des souvenirs qui se rattachent à son
église principale, comme le ruisseau à sa source. Pour
ne pas nous éloigner d'anciennes et respectables traditions, qui, dans un diocèse, témoignent de son
passé et en forment l'histoire, nous prîmes la liberté
de soumettre notre travail au jugement de Mgr
l'évêque de Séez. Sa Grandeur nous honora d'un
accueil vraiment paternel, et s'empressa de faire
examiner notre manuscrit par un membre distingué
de son clergé, qui bientôt lui adressa le rapport sui-
vant :

« Monseigneur,

« J'ai lu avec la plus grande attention le manuscrit
« que vous m'avez fait l'honneur de me confier. Il
« m'a paru digne d'être livré au public avec l'appro-
« bation de Votre Grandeur. Les savants trouveront
« dans cet ouvrage des détails curieux et intéressants
« sur saint Céneri, sur l'histoire des hommes qui ont
« illustré les abbayes de Saint-Céneri, de Saint-
« Evroult, et les autres localités voisines. Les pieux
« fidèles y trouveront de grands exemples de vertu,
« des réflexions édifiantes que l'auteur a su mettre
« à propos ; et en particulier une conclusion éminem-
« ment chrétienne qui couronne dignement tout l'ou-
« vrage. »

Ce témoignage fut pour nous un puissant encou-
ragement...

Mais, sur ces entrefaites, un changement de position suspendit tout à coup l'exécution de notre entreprise, sans toutefois nous faire oublier Saint-Céneri.
Dans nos instants de loisir, nous avons continué nos
recherches : elles n'ont pas été tout à fait infructueuses ; plusieurs renseignements sont venus grossir
la modeste moisson recueillie dans les champs de
l'Alençonnais. C'est elle que nous offrons au public ;
puisse-t-elle lui être de quelque utilité !

O vous qui lisez cet ouvrage, veuillez vous souvenir qu'une simple chronique locale n'est pas une
histoire artistement élaborée ; et puis, comme l'a dit
un poëte :

> Qu'il n'y a livres si parfaits
> Où vous ne trouviez à reprendre ;
> Qu'il n'en est point de si mal faits,
> En qui vous ne puissiez apprendre.

DÉCLARATION.

———

Conformément aux sages prescriptions des Souverains Pontifes, nous déclarons ne donner à nos récits qu'une valeur historique. Ainsi dans les légendes, révélations et miracles dont il est parlé dans cet ouvrage, loin de nous la pensée de prévenir le jugement de l'Eglise catholique, à laquelle nous sommes et voulons être toujours dévoué et soumis.

———

DIVISION

DE CET OUVRAGE.

Nous diviserons ce petit travail en trois parties :

Dans la première, après quelques notions préliminaires sur la contrée de Saint-Céneri, sur les mœurs de
ses anciens habitants, sur les légendes du moyen âge,
nous raconterons la vie, les œuvres merveilleuses du
pieux ermite, les hommages rendus à sa mémoire.

Le règne féodal des Giroie, à Saint-Céneri, leurs
fondations, leur forteresse, ses siéges, sa destruction,
ses ruines, formeront la deuxième partie.

Dans la troisième, nous raconterons ce que nous
avons recueilli sur les monuments religieux de Saint-
Céneri depuis leur construction, et sur cette paroisse
depuis son érection.

PREMIÈRE PARTIE.

CHAPITRE PREMIER.

Topographie ancienne des rochers de Saint-Céneri. Que furent-ils sous l'ère celtique et sous l'ère gallo-romaine? Leur topographie actuelle. Exista-t-il autrefois une ville en ce lieu? Population actuelle.

Nous ignorons quel nom portaient autrefois les rochers de l'Hiesmois, que le solitaire Céneri dota de son nom. Située au midi sur la limite extrême du pays des Sagiens, ayant à l'est celui des Cénomans, et à l'ouest celui des Diablintes, cette campagne isolée et fortement tourmentée dut autrefois être assez peu habitée. Si d'anciens historiens ont dit que la Neustrie resta longtemps déserte, *diuque desertam*, que ne pourrait-on pas supposer, d'après ce témoignage, des rochers arides et sauvages de Saint-Céneri?

Les Druides, dont la religion mystérieuse recherchait la profondeur des vallées, l'épaisseur des bois, offrirent-ils des sacrifices dans la presqu'île de Saint-Céneri? Nous ne pouvons rien affirmer. L'*Annuaire* de l'Orne, pour l'année 1843, dit que quelques annelets

1*

en plomb, ayant probablement servi de monnaie aux Gaulois, ont été recueillis à Saint-Céneri.

Des amateurs d'antiquités ont cru reconnaître des pierres druidiques, et dans l'énorme bloc granitique couché dans la chapelle de la prairie, et dans la pierre ensevelie au fond de la rivière, appelée dans la contrée tombeau de saint Céneri. Il nous semble qu'il en est de ce tombeau comme de celui de Saint-Léonard-des-Bois, dont Corvasier, page 155, nous a donné la description (1). Ce savant ecclésiastique estime que ces pierres monumentales sont appelées tombeaux de saint Céneri et de saint Léonard, des noms des localités près desquelles elles se trouvent érigées. En effet, le vrai tombeau de saint Céneri fut creusé par ses disciples dans le chœur de l'église qu'il bâtissait lorsque la mort l'arrêta dans sa pieuse entreprise.

Quoi qu'il en soit, il n'est pas rare de rencontrer dans la contrée des restes épars de monuments celtiques et d'objets consacrés aux usages des peuples de la Gaule. On peut citer entre autres le menhir renversé et brisé qu'on trouve sur le territoire d'Hesloup-le-Potier (2), dans une pièce de terre appelée le champ

---

(1) Table: 2m.33 en longueur, soutenue par 4 pierres. Si ces monuments, appelés tombeaux de St-Léonard et de St-Céneri, sont des dolmens, leur nom favorise l'opinion de ceux qui y voient des tombeaux et non des autels.

(2) Hesloup, autrefois du diocèse du Mans, est ainsi surnommé à cause des poteries qu'on y fabriqua dans un temps assez éloigné. Près la ferme des hautes poteries, j'ai trouvé l'emplacement d'un ancien fourneau et des débris de poteries blanchâtres et assez grossières. Les pierres du fourneau sont entrées dans la construction de la maison du fermier.

Hauteur de la pierre levée d'Hesloup, 2m.33; largeur, 1m.; épaisseur, de 50 à 60 centimètres.

de la Pierre-Longue, les céraunites, les médailles recueillies en plusieurs localités du pays (1).

Quand les Romains soumirent les Aulerces si portés à la révolte, leurs légions promenèrent leurs aigles triomphantes dans nos contrées, y établirent des stations ou postes militaires, bâtirent d'opulentes villas, tracèrent des routes (2). Nous mentionnerons le camp romain de Vandœuvre, actuellement appelé Saint-Léonard-des-Bois (3) ; les voies ferrées assez peu distantes de Saint-Céneri, les ruines du Petit-Oisseau, le camp de Saint-Evroul ou d'Entrevaux, les anciennes forges de la Ferrière-Bochard, de Moulins-le-Carbonel ;

(1) M. l'abbé Persigau possède une de ces céraunites. En 1861, il trouva dans le cimetière de Saint-Paterne une médaille celtique dont le module est de dimension moyenne. D'un côté elle porte la tête d'un guerrier. Au revers, qui est concave, on distingue le cheval androcéphale des Gaulois. D'après ce que dit des médailles Monfaucon, t. IV, celle-ci peut être rangée dans la 3me classe des monnaies celtiques, c'est-à-dire parmi celles qui ressemblent le plus aux médailles des empereurs romains.

(2) Parmi ces voies antiques, on remarque celle de Chartres, à Rennes en Bretagne, passant par Saint-Rémy-du-Plain, Livet, Ancinnes, la Chaussée en Saint-Paterne, Condé-sur-Sarthe, la Pôoté, Villaines, Champgeneteux, Jublains, etc.

Une autre se dirigeait du Mans à *Oximum* par le Petit-Oisseau, Chérisay, Champfleur, le Pont-Ferré en Champfleur, le Grand Larré, les *Estres*, *Strata*, en Lignières-la-Carelle, Mont-Odin. Nous en avons envoyé la description détaillée à M. de Caumont.

(3) La butte de Narbonne, qui domine le bourg de Saint-Léonard-des-Bois, porte aussi, en partie du moins, le nom de ville de la Finance. Dans les camps romains, disent les archives des mss., t. VII, il existait près de la tente du questeur une grande place, *area spattosa*, où se payait la solde du soldat. De là le *forum* de la finance. Serait-ce l'origine du nom de ville de la Finance à Saint-Léonard ?

les médailles, les briques à rebords si fréquemment recueillies dans la plaine de Saint-Paterne, etc. (1) ; mais nous n'avons pu trouver à Saint-Céneri même, le moindre objet portant visiblement le cachet du peuple-roi.

Nous ne pouvons partager l'opinion qui mentionne une voie romaine traversant le village même de Saint-Céneri. On nous permettra de remarquer que trop souvent on confond les voies anciennes avec celles qu'on peut appeler anglaises, et qui, au moyen âge, servaient de lien de communication d'une forteresse à une autre.

Cette voie, si elle a existé, devait traverser la Sarthe à un gué encore existant, mais au-dessus du bourg de Saint-Céneri. Nous lirons plus bas, qu'en arrivant dans ce lieu, au VIIe siècle, le moine Céneri ne pénétra dans la presqu'île qu'en se frayant un passage au milieu des eaux de la rivière par la vertu du signe de la croix. Si une voie romaine eût existé, le miracle était inutile. Sous le régime féodal, la presqu'île de Saint-Céneri qui conservait la cendre et les souvenirs de ses anciens moines, devint la demeure des forts. Elle se vit entourée de populations qui se groupèrent elles-mêmes

(1) Près la chapelle de Saint-Gilles, dans les plaines de Saint-Paterne, outre des débris de briques et de poteries romaines, ont été découverts d'antiques cercueils en pierre dont plusieurs servent d'abreuvoirs au milieu du village.

Près de la ferme des Evaux, en la même paroisse, on a trouvé des débris de poterie mérovingienne avec leurs dessins arrondis. Cette poterie est micacée comme la tuile et la brique qu'on fabrique de nos jours dans ce pays. On en trouve la raison bien simple, si on daigne faire attention à la terre qu'on emploie et qui contient quantité de mica.

autour des églises de leur villa, ayant leurs intérêts divers, leurs usages particuliers et appartenant même à différents diocèses. Ainsi, elle fut bornée au levant par Moulins-le-Carbonel et Mieuxcé, au sud par Saint-Léonard-des-Bois, au nord par la Ferrière-Bochard, et au couchant par la Poôté. Cet état de choses s'est maintenu jusqu'à nos jours. Moulins, Saint-Léonard, la Poôté appartenaient au diocèse du Mans. La Poôté fait partie actuellement du nouveau diocèse de Laval. La Ferrière, Mieuxcé, Saint-Céneri ont toujours dépendu du diocèse de Séez.

Saint-Céneri relevait autrefois de l'élection et du doyenné d'Alençon. Aujourd'hui, il fait partie du doyenné de Saint-Léonard d'Alençon, canton ouest.

Les habitants de Saint-Céneri racontent à leurs enfants et aux étrangers qui visitent leur village, qu'une ville couronna autrefois leurs rochers devenus silencieux. Nous comprenons ce zèle tout patriotique sans en partager l'exagération. L'impartiale histoire est l'oracle sacré qui doit être consulté de préférence à tout. Quand il se tait, nous devons nous taire avec lui. Or, dans nos recherches, nous n'avons pas rencontré le moindre indice, le plus petit document qui favorisât l'existence d'une ville à Saint-Céneri. En outre, si on retranchait de ce lieu déjà si resserré par le cours de la Sarthe l'enceinte assez vaste de l'ancien château, où trouverait-on l'emplacement de la cité? Il nous paraît hors de doute que l'importance de la forteresse, sa juridiction, ses priviléges, son marché, et aussi le mot *villa* employé autrefois pour désigner un simple village, ont donné naissance à cette croyance populaire.

En 1762 on comptait à Saint-Céneri 70 faux. L'*Annuaire* de l'Orne, pour l'année 1858, accuse une population de 348 habitants.

CHAPITRE DEUXIÈME.

Restes de l'Idolâtrie en France, aux vi^e et viie siècles. Etat probable des mœurs des habitants de Saint-Léonard et de Saint-Céneri, avant l'arrivée de ces pieux solitaires dans le pays.

La Gaule conquise adora les dieux de ses maîtres ; mais bientôt le christianisme parut avec ses lois de charité, avec sa doctrine civilisatrice : saint Julien, dans le Maine, et saint Latuin, dans l'Hiesmois, défrichèrent péniblement les champs confiés à leur zèle et à leur sollicitude. Si les âmes dociles à la voix de la grâce brûlèrent, comme le fier Sicambre, ce qu'elles avaient adoré, et adoraient ce qu'elles avaient méprisé, que d'esclaves des préjugés d'enfance, de pays, s'opposèrent au progrès d'une religion nouvelle qui enseignait des mystères impénétrables, et qui faisait la guerre aux passions ! On peut se faire une idée des profondes racines que le paganisme avait jetées dans les cœurs par les efforts qu'il fit pour soutenir ses autels chancelants, pour conserver les dieux commodes qu'on voulait lui ravir.

· Le roi Childebert, dans le vi^e siècle, se vit forcé de bannir de ses États le druidisme qui nourrissait encore ses absurdes et grossières superstitions (1).

(1) Baluze, *Capitulaires*, tom. I, col. 7.

Saint Rigomer, dans le Maine et dans le viᵉ siècle aussi, ne rencontra-t-il pas, dans le cours de ses prédications apostoliques, un temple consacré aux idoles (1)?

Alors de pieux solitaires peuplèrent les campagnes de la Gaule. Ils firent du Maine en particulier une nouvelle Thébaïde. Les évêques les chargeaient d'évangéliser les peuples et de combattre les superstitions existantes.

On lit dans la Vie de saint Bomer ou Boamir, qu'au viᵉ siècle, on voyait au pays des Cénomans, dans un endroit qui n'est pas désigné, une roche élevée, couverte d'un bois sacré où chaque jour de la semaine les païens célébraient des fêtes (2).

Nous lisons dans la Vie de saint Romain, évêque de Rouen, qu'il abattit un temple de Vénus, dans lequel se commettaient d'infâmes abominations.

Saint Eloi combattit souvent, dans ses sermons, les restes du paganisme. Sur ce sujet, il entre dans des détails frappants : il s'élève avec un zèle énergique contre ceux qui rendaient des hommages à Neptune, à Pluton, à Diane et aux génies (3).

Un concile, célébré à Reims en 625, le concile national de Nantes, tiennent pour ainsi dire le même langage (4).

Un capitulaire même de Charlemagne, publié à la

(1) *Officia propria insignis ecclesiæ cenom.*, p. 71, *in Brev. Roman.* — Dom Piolin, IV, p. 169.
(2) L'abbé Voisin, *Cénomans*, p. 16.
(3) *Histoire de l'Eglise gallic.*, liv. X. — Fleury, liv. XXXVII.
(4) *Histoire de l'Eglise gallic.*, l. IX. — L'abbé d'Arras, *Hist. eccl.*, XVIII, p. 200.

prière des évêques, porte que l'évêque fera chaque année la visite de son diocèse, pour instruire son peuple et corriger les superstitions païennes qu'il trouvera, tels que les *augures, les sacrifices des victimes,* etc. Il en existait donc encore ? Alors les églises dans les campagnes étaient plus rares. L'auteur de l'art de vérifier les dates (tome XIII, p. 142), nous assure qu'au viii\e siècle, les habitants du château d'Alençon, n'avaient pas d'autre église paroissiale que celle de Saint-Pierre de Mont-Sor, située dans le Maine. Qu'étaient donc les habitants des forêts de l'Hiesmois et du bas Maine, quand saint Léonard, et après lui saint Céneri, vinrent y bâtir leurs modestes cellules ? Avaient-ils entièrement oublié la religion de leurs anciens maîtres? N'avaient-ils rien conservé des mœurs des hordes barbares d'Alains, de Saxons qui, dans les siècles précédents, avaient séjourné dans le voisinage (1) ? Loin des grands centres de populations, des anciennes cités où les évêques avaient fixé leurs siéges, conformément à l'usage adopté par l'Église, les campagnes isolées et d'un accès difficile, comme celle de Saint-Céneri, durent plus tardivement recevoir les bienfaits de la religion chrétienne et de la civilisation qui en découle comme de sa source.

Il est vrai, des moines appartenant aux monastères qui avaient été fondés dans le Passais Manceau, prêchèrent l'Évangile aux habitants des campagnes conformément aux instructions des évêques. Plus tard, nous verrons saint Céneri chargé d'une semblable

(1) On sait que les Saxons habitèrent le Saônois, le pays de Séez et autres jusqu'aux rives de la Manche, désignés sous le nom de rivage saxon: *littus Saxonicum.*

mission ; mais, croyons-nous, les populations dispersées dans les montagnes assombries du pays de Vandœuvre, durent, avant l'arrivée de saint Léonard et de
saint Cénori sur les bords de la Sarthe, subir l'influence de leur époque, de ses mœurs, de son ignorance superstitieuse, et partant, offrir l'aspect d'une
terre mi-sauvage, ou du moins ayant un besoin extrême
de culture.

CHAPITRE TROISIÈME.

Réflexions sur les anciennes légendes, et en particulier sur la légende de Saint-Cénori.

Dans l'histoire de l'antiquité, nous lisons sans dédain
les commencements si faibles des peuples, le développe-
ment de leur puissance, l'origine de leurs progrès,
de leurs sciences, de leurs arts. En comparant les
autorités, les témoignages, nous admettons les récits
en général, les plus obscurs ajoutent aux faits les plus
éclatants.

Si nous rencontrons sur la route des faits merveilleux, nous sommes loin de nous récrier. Pour nous en
avoir raconté, Tite-Live et Quinte-Curce ne cessent
pas de mériter, sous d'autres rapports, notre estime.
Dans le moyen âge, les écrivains les plus obscurs, en
retraçant dans de naïves légendes ce qu'on croyait de
leur temps, ce qu'ils avaient pu recueillir, comme Orderic Vital, de la bouche des vieillards, ont rendu de
signalés services ; on ne peut connaître un siècle, ses

mœurs, ses usages que par ce que nous en ont légué les hommes qui l'ont vu.

C'était dans sa cellule que l'humble cénobite copiait les ouvrages anciens qui nous sont parvenus ; c'était dans les monastères que la littérature, les lettres, trouvaient un asile. De là ces histoires précieuses, ces chroniques édifiantes, ces pieuses biographies qui offrent au vrai savant tant d'intérêt et même tant de charme : trouvez, dit Fleury, *d'autres auteurs plus habiles du même temps* (1) !

M. Guizot (2) a-t-il dédaigné les écrits du moine Orderic Vital ? Chateaubriand n'a-t-il pas fait aussi l'éloge du passé gothique et des vieilles abbayes ? Ne compare-t-il pas les générations entières enchaînées au pied des autels, à ces ouvriers ensevelis au fond des mines d'or, qui envoient à la terre des richesses dont ils ne jouiront pas (3) ? M. de Montalembert n'a-t-il pas étudié les délicieuses traditions des fidèles à la foi, *avec respect et amour* (4)?

Les anciennes légendes si répandues, si goûtées autrefois, étaient l'expression la plus sincère de la foi de ces époques si éloignées déjà. Depuis quelques années la science s'efforce de les faire sortir de l'oubli. Mais notre siècle, encore prévenu, recule devant les récits où intervient le merveilleux, et, sans se donner la peine de séparer l'or du sable grossier qui le recouvre, il nie tout, rit de tout, ce qui est plus facile que rationnel.

(1) *Discours sur l'histoire ecclésiastique.*
(2) *Collect. des mémoires relat. à l'hist. de France,* 4, VIII. — Orderic Vital.
(3) *Etudes historiques.*
(4) *Introduction à l'histoire de Ste Elisabeth.*

Sans doute nous n'admettons pas ce que n'admettent
pas les lois d'une sage critique ; nous ne voulons pas
patronner sur tout point, l'exactitude des légendes du
moyen âge, de ses pieuses traditions , un faux zèle a
pu altérer, embellir certains faits ; s'il ne faut pas ac-
cueillir tout sans discernement, il ne faut pas non plus
tout repousser avec dédain.

La légende ou la Vie de saint Céneri que nous donnons plus bas, nous l'avons tirée d'un manuscrit latin,
classé à la bibliothèque d'Alençon sous le numéro 12 ;
c'est l'œuvre d'un inconnu. Dans le prologue, il déclare
qu'il n'a pas eu la téméraire audace d'entreprendre de
lui-même ce travail ; mais qu'il n'a fait qu'obéir à une
voix pontificale... Il termine par ces mots : « Au reste,
vénérable père, cette œuvre que vous m'avez imposée,
je la dépose aux pieds de votre paternité, pour qu'il
lui plaise de corriger tout ce qui s'y trouve d'inexact
et de malsonnant. Ce manuscrit a été publié par Mabillon et par les Bollandistes, 7 mai. Cette Vie peut
avoir été composée au IXᵉ siècle, disent les éditeurs
d'Orderic Vital (1). La copie que possède la bibliothèque d'Alençon ne leur paraît pas remonter au delà
du XIIIᵉ siècle.

Voici ce que pense dom Rivet des légendes de
saint Céneri et de saint Généré, son frère :

« Les Vies de saint Céneri, vulgairement saint Céle-
« rin, et de saint Généré, appartiennent, pour la ré-
« daction, au VIIIᵉ siècle. Dom Mabillon, qui les a
« publiées le premier, l'une sur un manuscrit de l'ab-
« baye de Saint-Martin de Séez, l'autre sur un manus-
« crit de la cathédrale d'Angers, les croit sur des

(1) *Notice*, p. 79.

« raisons assez vraisemblables, écrites avant le ix° siè-
« cle ; celle de saint Généré l'a été quelque temps avant
« l'autre, puisqu'elle y est citée ; mais ni l'une ni l'au-
« tre ne l'ont été qu'un siècle au plus tôt après la mort
« des deux Saints, qui ne moururent que vers la fin
« du vii° siècle. Après dom Mabillon, les continua-
« teurs de Bollandus ont donné à deux différents jours
« les mêmes écrits en tout leur entier, et avec d'am-
« ples observations, au lieu que le premier éditeur
« n'y a fait que de courtes notes, et avait retranché
« de la vie de saint Généré plusieurs endroits qui se
« trouvent presque les mêmes dans celles de saint
« Céneri (1). »

Les Bollandistes pensent aussi que l'ancienne vie de
saint Céneri fut écrite avant le ix° siècle. Ces autorités,
ces dates reculées, nous rendent déjà cette histoire
précieuse. Les narrations simples, les naïfs détails, les
faits merveilleux, le ton de piété qui domine, donnent
une idée du siècle qui l'a dictée, en fournissant sur
les mœurs monastiques, sur les croyances, et voire
même sur la littérature, des renseignements utiles.

Mais encore des miracles ! Eh, mon Dieu, pourquoi
non ? Au dedans de nous, au dehors de nous, autour
de nous, dans les sciences, dans la nature, ne ren-
controns-nous pas des merveilles ? En dépit de notre
orgueil, nous les admettons, nous les subissons, sans
que les plus savants puissent ni les expliquer, ni les
analyser.

Dans la religion, qui vient d'un Dieu infini, veut-on
que tout soit subordonné à la raison et aux caprices
des faibles mortels ?

(1) *Histoire littéraire de la France*, t. IV, p. 195.

La vie des Saints était toute céleste. Comme à des amis dignes de ses faveurs, Dieu n'a-t-il pu leur départir une parcelle de sa puissance? N'a-t-il pu accorder à saint Céneri ce qu'il a accordé à tant d'autres? Céneri n'appartenait-il pas à cette Église catholique, apostolique et romaine, dépositaire de la vérité, dont l'existence même est un miracle permanent, et dont le ciel a révélé tant de fois la sainteté par le don des miracles (1)?

CHAPITRE QUATRIÈME.

Orthographe du nom de *Céneri*; ses variantes.

Orderic Vital a écrit de plusieurs manières le nom latin de saint Céneri. Ainsi nous lisons, livres III et VIII, *Cerenicus, Cenericus* et *Senericus*. Ce dernier mot se trouve plus ordinairement dans les anciens

(1) Un roi arien comprit cette vérité : Un jour il demanda aux siens de quelle religion était ce Martin de Tours qui faisait tant de miracles dans les Gaules. « Prince, lui répondirent-ils, c'est un évêque catholique. — Allez, ajouta-t-il, le prier en mon nom pour la santé de mon fils. » Ils obéirent : le fils guérit et le père abjura ses erreurs. Il fut imité par toute la nation des Suèves. d'Arras. (*Hist. eccl.*, t. II, p. 155. — Fleury, l. XXXIV, 3.)

Quand les Apôtres plantaient la foi dans une contrée, dit Grégoire le Grand, le ciel les favorisait du don des miracles. Quand la foi avait pris racine, elle n'avait plus besoin de ce céleste arrosement. « Ut enim ad fidem cresceret multitudo credentium, miraculis fuerat nutrienda. Quia et nos cum arbusta plantamus, tandiù eis aquam infundimus, quousque ea in terrà jàm coaluisse videamus : et si semel radicem fixerint, irrigatio cessabit. » (*Homil. XXIX.*)

manuscrits. On le voit, les noms français *Céneric* et *Séneric* ne sont que la traduction fidèle du latin. Le nom de Célerin nous paraît plus moderne. On dirait un diminutif exprimant la tendre dévotion dont on entoura le jeune et saint solitaire de l'Hiémois. De nos jours, les uns écrivent le nom de Céneri avec un *y*, les autres avec un *i*. Cette dernière orthographe nous paraît être la plus en usage ; pour ce motif, nous l'avons acceptée, tout en regrettant l'ancienne traduction *Céneric*.

Nous avons lu dans l'ouvrage intitulé : *Excursion à Saint-Céneri le Geré*, et reproduit en partie dans *le département de l'Orne*, les mots suivants :

« Je ne sais sous quel nom saint Céneri est connu « dans le ciel ; mais je sais que les historiens et les « dévots de la terre varient singulièrement à cet égard. »

Le nom d'Alençon, depuis son origine, n'a-t-il pas, en traversant les siècles, éprouvé de nombreux changements ? Odolant-Desnos (page Ire, 1er v.) n'a-t-il pas trouvé Alercum, Alertium, Alencium, Alenecium, Alencio, Alencho, Alentio, Alention, Alenchon, Alenson, Alenzon, Alencheium, Alenciacum, Alencionum, et enfin Alenconium ? Ne serait-il pas plaisant d'accuser de ces *singulières variantes* les historiens et les *dévots* d'Alençon ? Également doit-on être si surpris de ce que le nom de Céneri, et du village qui porte son nom, qui est historique comme celui d'Alençon, qui remonte à une antiquité assez reculée, ait subi dans le cours de douze siècles, quelques légers changements dans son orthographe, dans sa traduction ? Les dévots en sont-ils plus responsables que les antidévots ? Pourquoi citer les uns et taire les autres ?

Je ne sais sous quel nom saint Céneri est connu dans le ciel... c'est une plaisanterie dont nous abandonnons le mérite à ceux qui se la permettent. Sans vouloir établir de comparaison entre le sacré et le profane, nous nous rappelons ce que Virgile disait aux plaisants de son temps, qui, aux dépens de la justice, et pour faire de l'esprit, parlaient légèrement des dieux de l'Olympe :

Discite justitiam moniti, et non temnere divos.

Le paganisme était-il scrupuleux ?

Après ces notions préliminaires, nous arrivons au récit de la vie et des œuvres de saint Céneri. Nous avons voulu élaguer le chemin pour faciliter notre marche, et étudier les accidents du terrain sur lequel nous sommes engagé.

CHAPITRE CINQUIÈME.

Vie de saint Céneri. — Ses premières années. — Il quitte la maison paternelle, se rend à Rome qu'il quitte pour venir au Mans, et de là dans le diocèse de Séez. — A sa prière, une source jaillit d'un rocher. — Souvenir de ce miracle. — État actuel de cette fontaine.

Saint Céneri, et saint Céneré, *Ceneredus*, son frère, naquirent à Spolette, en Ombrie, d'une famille noble. Dès l'âge le plus tendre, ils furent confiés, par les auteurs de leurs jours, à la direction de maîtres habiles qui furent chargés de les former à la science et à la vertu. Les progrès des jeunes disciples, dans les saintes lettres, furent rapides; ils s'adonnèrent avec un goût prononcé à l'étude des saints Pères; ils puisèrent dans leurs écrits ce qui pouvait servir d'aliment à leur piété; ressemblant dans leurs pieuses investigations à l'abeille vigilante, qui, pour composer son miel, s'en va, çà et là sur les fleurs, butinant leurs sucs nourriciers.

Un jour, Céneri, à la lecture d'un passage de l'Écriture sainte qui promet de récompenser au centuple l'abnégation de celui qui, pour l'amour de Dieu, quitte père, mère, fortune, biens, etc., sentit tellement augmenter en lui le mépris du monde, qu'il exhorta son frère Serénede à s'arracher avec lui aux dangers de la séduction. Encouragés par un songe dans lequel un ange leur inspire l'idée de mettre à exécution leur pieux dessein, tous deux abandonnent l'héritage de leurs pères, quittent leur patrie, et se rendent à Rome.....

Le Souverain Pontife, la sainte assemblée des anciens, les accueillent honorablement.

Pendant plusieurs années, leurs vertus brillent d'un si vif éclat, que le Pape ordonne diacre-cardinal, au nombre des sept de la ville, le bienheureux Céneri (1).

---

(1) Le pape Fabien partagea autrefois la ville de Rome en 7 diaconics. Ceux qui en étaient chargés étaient appelés *regionarii*, régionnaires. En 384, le second concile romain leur donna le nom de diacres-cardinaux. Ils étaient chargés du soin des pauvres, des étrangers, dans les différents quartiers de la ville. (Godescard, 7 mai. — *Le Bréviaire romain*, 20 janvier. — Jean Bondonnet, p. 158. — L'abbé d'Arras, *Hist. eccl.*, t. VIII, p. 211. — Grégoire de Tours, *lib. X.* — *Fleurs des vies des saints*, introd. — Fleury, *Mœurs des chrétiens*, p. 328.)

Cette élévation, ces honneurs, alarmèrent sa tendre humilité. Il songea à s'éloigner de ces lieux, et communiqua ses pensées à son frère. Pendant qu'ils étaient en proie à ces perplexités, un ange leur apparut et les affermit dans leur résolution. Sans délai, les deux frères partent, quittent la ville éternelle, franchissent, non sans peine, les Alpes, et arrivent sur les riches frontières des Gaules. Là, pendant cinq ans encore, ils séjournent dans une ville, attendant les ordres du ciel. Avertis comme précédemment par une vision céleste, ils recommencent leurs pérégrinations, visitent de pieux monastères, les tombeaux des saints, et enfin parviennent au diocèse du Mans, dans un lieu appelé Saulges (1). Ils y vécurent dans une sainte intimité; mais Dieu avait destiné ces deux vives lumières à éclairer deux contrées différentes. Le bienheureux Céneri n'éprouvait que de l'éloignement pour cette retraite qui lui offrait les avantages d'un sol fertile. Il en ouvrit son cœur au confident de ses pensées : « Très-cher frère, lui dit-il un jour, nous cherchons une demeure permanente..... souffrez que je vous quitte..... Nous nous reverrons dans une vie meilleure. » Après les adieux les plus touchants, Céneri,

(1) Près des ruines de l'ancienne cité des Erviens, appelée *Vagoritum*, Bondonnet et Corvaisier disent que les deux frères Cénery et Cénéré arrivèrent dans le diocèse du Mans par Sablé.

A Saulges, on vénère le petit oratoire que se bâtirent St Céneri et St Cénéré, son frère. Nous avons visité ce monument antique. Son aspect, sa construction sans art, nous a rappelé l'oratoire *rusticani operis*, de St Evroult, dont nous parlerons plus tard, et l'époque mérovingienne.

l'aîné des deux, bénit ce frère bien aimé, verse un torrent de larmes, et part (1).

Il était accompagné d'un enfant nommé Flavard, qu'il avait tenu sur les fonts sacrés du baptême. Ils dirigèrent leurs pas vers le diocèse d'Hiesmes (2) et s'arrêtèrent dans un lieu désert, hérissé de rochers abruptes, que le cours de la Sarthe baigne de trois côtés. Cette solitude, avec ses sauvages aspérités, à la présence de Céneri sembla s'animer pour saluer l'aurore des jours qui allaient la revêtir de gloire et de splendeurs comme le lis des vallées (3).

Céneri descendit au pied d'une montagne, à l'ombre d'un arbre dont les branches s'étendaient jusque sur les bords de la rivière. Charmé d'y trouver un doux délassement, il comprit que le ciel le lui avait destiné ; il s'empressa de lui en témoigner sa bien sincère reconnaissance. Ceci se passait au temps du roi Clovis II et de sa bienheureuse épouse Bathilde (4).

(1) L'auteur des *Fleurs de la solitude* dit, p. 230, qu'après avoir quitté son frère, St Céneri revint au Mans pour recevoir la bénédiction de St Domnole. Le sieur de Courteille, p. 747, rapporte le même fait. C'est une erreur. St Domnole qui gouverna l'église du Mans, de 560 à 581, était mort depuis longtemps.

(2) *Diœcesim Oximensem* : ces expressions se lisent deux fois dans le mss. *Oximum* fut une cité romaine... Le *pagus Oximensis*, l'Hiémois, contrée de la Neustrie, renfermait encore au ixe siècle le pays d'Auge, le Houlme, l'Ouche, le Passais normand, le Corbonnais, la Marche, le pays de Séez, d'Alençon et de Bellême.

(3) *Lætabuntur deserta et exultabit solitudo, et florebit sicut lilium.* (Isaïe, IV, 39.)

(4) Une vie de notre saint, distribuée en leçons, dit que ce fut vers l'année 646, ce qui ne s'accorde pas avec le texte de notre manuscrit qui place ces événements au temps de Clovis II et de

Bathilde ne fut point l'épouse de Clotaire, comme le dit notre manuscrit, et après lui Orderic Vital ; mais de Clovis II, qui mourut en 656. Il monta sur le trône en bas âge, et régna dix-huit ans. (*Chronique de Frédégaire.*)

Dans cette vallée sombre et profonde, il n'y avait d'eau que celle de la rivière ; mais la Providence veillait sur Céneri.

Ce serviteur de Dieu venait de terminer son office, et après la bénédiction d'usage, il se disposait à quitter l'attitude de suppliant prosterné, lorsqu'il aperçut à sa droite une source jaillir d'un rocher voisin, formant de petits ruisseaux, qui jamais n'avaient existé dans ces lieux.

Le souvenir de ce miracle s'est conservé dans la contrée. Autrefois même l'église de Séez en célébrait la mémoire dans sa liturgie. A la bibliothèque d'Alençon existe un vieil antiphonaire dont voici le titre :

Jncipit antiphonarium secundum matris usum ecclesiæ sagiensis. On y trouve, notée, l'antienne suivante : *Surgens intereà vir sanctus ab oratione, videt quemdam sub saxo prærupto prorumpere fontem qui numquàm*

son épouse Bathilde. Or, Clovis II n'épousa Ste Bathilde qu'en 649. Ce prince mourut en 656. C'était donc dans cet intervalle de temps que St Céneri vint se fixer dans la presqu'île de l'Hiesmois.

En 654, Ste Bathilde et le roi son époux donnèrent un fonds de terre à St Philibert qui y bâtit le monastère de Jumiéges. Ne serait-ce pas cette année même que Céneri fut comblé de la même faveur ?

. L'époque de Ste Bathilde, l'office de St Colomban, que récitait St Céneri, sont la preuve péremptoire que ce saint abbé ne fleurit qu'au viie siècle, et non du temps de St Léonard de Vandœuvre, au vi[e].

ante illic effluxerat : sed illius meritis et precibus, da-
tus, usque nunc gratuitum transeuntibus tribuit haus-
tum. Alleluya.

Nous traduisons ainsi : « Saint Céneri venait de
« terminer sa prière lorsqu'il aperçut jaillir d'un ro-
« cher escarpé une source qui jamais n'avait coulé
« dans ce lieu ; mais c'est aux mérites et aux prières
« de ce serviteur de Dieu, que les passants, jusqu'à
« nos jours, doivent de pouvoir se désaltérer à cette
« fontaine bienfaisante. Alleluya. »

Cette source n'a pas cessé de porter le nom de fontaine Saint-Céneri. A présent encore (1863), on se sert
de son eau comme d'un remède, dans les maladies
d'yeux. Nous constatons tout simplement ce fait, sans
prétendre, de façon aucune, trouver du merveilleux
plus que de droit.

Cette fontaine, qu'on peut appeler historique, est
située sur la rive gauche de la Sarthe, en regard de la
chapelle de Saint-Céneri, et sur le territoire de Saint-
Léonard-des-Bois (Sarthe). Le pèlerin peut s'y désaltérer. Pendant le mois de juillet 1858, époque d'une
sécheresse prolongée, celui qui trace ces lignes visita
ces lieux, et put s'assurer que la fontaine de Saint-
Céneri coule toujours.

Au rapport des Bollandistes on ajouta au récit primitif du miracle de cette source vénérée qu'elle sus-
pendait son cours à la présence d'une femme criminelle qui venait y puiser de l'eau (1).

(1) Le manuscrit de la bibliothèque d'Alençon ne fait point
mention de ce fait, et puis l'expression *dicitur*, on dit, qui se
trouve dans le récit ajouté et qui n'a rien d'affirmatif, doit suffire
pour calmer les alarmes des ennemis du merveilleux.

A cette occasion l'auteur des *Fleurs de la solitude* (1) lui donne le nom de *Fontaine de Pureté*.

Le 24 octobre 1855, les terrains contigus appelés les Vallées, furent vendus par la commune de Saint-Léonard-des-Bois (Sarthe), à Mme Marie Cordier, veuve Janin. Dans cette vente, on réserva expressément, et à la demande de M. le curé de Saint-Céneri : 1° la propriété de la fontaine de Saint-Céneri; 2° le droit de la réparer et même de l'agrandir; 3° le passage en faveur des personnes qui iront puiser de l'eau. L'acte de cette vente fut approuvé par M. Pron, préfet de la Sarthe, le 31 octobre 1855. Ainsi cette source est demeurée propriété communale.

En 1858, M. le curé de Saint-Paterne obtint de M. le préfet de la Sarthe, par l'intermédiaire de la commission établie au Mans pour la conservation des monuments historiques, une somme de 100 fr. pour l'érection de l'édicule qui couronne aujourd'hui cette fontaine longtemps délaissée. Les anciennes rigoles, creusées dans des pierres de roussard, ont été découvertes et conservées. Réunies à quelques débris de murailles, elles ont révélé le soin qu'on prenait autrefois de l'entretien de cette source vénérée.

CHAPITRE SIXIÈME.

Supplément au Chapitre précédent. — Quelques mots sur l'arrivée, au Mans, de saint Céneri et de saint Cénéré son frère.

Dans son histoire de Sablé, Ménage rapporte que le père Blanchet, prêtre à Château-Gontier, au XVI° siècle,

(1) Page 570.

mit en vers français la vie des deux frères Cénori et Généré. Sur la rencontre du jeune Flavard, dont on a parlé, il fait la citation suivante :

> Tous deux se trouvèrent au Mans,
> Et là vindrent à rencontrer
> Un enfant l'aumône quérant ;
> L'enfant était nommé Flavard.
> Puis après dans la ville entrèrent,
> Où là les saints lieux visitèrent,
> En cheminant et çà et là
> Dedans la rue de Saligna.

Il nous semble que le poëte, dont nous n'avons pu nous procurer l'œuvre en entier, est loin d'avoir commit une si grande erreur, comme on le lui a reproché, en faisant cheminer au Mans, nos deux ermites, dans la rue de Saulges. Voici le sens que nous croyons pouvoir donner à ce passage du père Blanchet : Il n'est pas rare de rencontrer dans nos villes des rues qui portent le nom des lieux vers lesquels elles se dirigent. Ainsi le Mans a sa rue de Paris, Alençon a sa rue du Mans, Caen a sa rue *exmoisine*, parce que, dit Huet d'Avranches (*Origines de Caen*, p. 108), *elle mène au pays d'Iliesmes*. On peut donc *cheminer* dans la rue du Mans à Alençon même. Pourquoi saint Cénori et son frère n'auraient-ils pu *cheminer*, au Mans, dans la rue de Saulges ?

Saulges, l'antique *Vagoritum* des Erviens, eut son importance autrefois. On ne doit pas être étonné de l'existence de la voie ancienne qui, au VIIe siècle, dirigeait, du Mans, les pas du voyageur vers les ruines de cette cité. Cette voie de Saulges et l'ancienne route de Nantes, dont nous avons reconnu les traces, se bifurquent à Saint-Pavin-lez-le-Mans. Bien plus, elles conservent leurs noms de *rues* du Cognet de Saint-Pavin. Les basiliques de Saint-Victeur et du Pré, où l'on vénérait les tombeaux de saint Julien et de plusieurs saints évêques, étaient situés dans le même quartier de la ville, hors les murs.

Ce n'est pas tout, vers 575, saint Domnole, évêque du Mans, fonda le monastère de Saint-Pavin, dont la pieuse destination était de donner l'hospitalité aux pauvres et aux pèlerins qui ne pouvaient être reçus dans la cité (1). Ce monastère, dont l'église, monument de cette époque mérovingienne, est si bien conservée, devint une pieuse hôtellerie. Or il se trouvait positivement planté sur les bords de l'ancienne voie de Saulges, à une faible distance de la cité du Mans, et tout près du tombeau de l'apôtre du Maine.

Si, comme l'ont écrit Bondonnet et Corvaisier, saint Céneri et son frère parvinrent au diocèse du Mans par Sablé, il est probable que, pour arriver au tombeau de saint Julien, ils suivirent l'ancienne route de Nantes, qui les amena au monastère hospitalier de Saint-Pavin qu'ils purent visiter, s'ils n'y trouvèrent pas un asile.

Pour ces motifs, nous croyons donc que le père Blanchet a pu dire de saint Céneri et de son frère :

> Où là les saints lieux visitèrent,
> En cheminant et çà et là,
> Dedans la rue de Saligna.

(1) Ut illic pauperes et peregrini egentesque omnes, qui intra urbem propter ejus jugem custodiam, admitti non possent, reciperentur. (*Vita sancti Domnoli.*)

Sans cette explication de la pensée du poëte, on le ferait tomber dans la plus étrange des aberrations.

CHAPITRE SEPTIÈME.

Saint Céneri passe miraculeusement la Sarthe. — Son disciple Flavard étonné du prodige, y laisse tomber un livre de prières, — Prédications de saint Céneri; son monastère, son église, sa mort en 669.

Céneri cherchait dans cette solitude où planter sa tente. A ce dessein, il voulut explorer la presqu'île qui s'offrait à ses regards, sur la rive opposée. Mais la rivière, dont le courant était dangereux, opposait une barrière infranchissable (1). Animé d'une foi et d'une confiance égales, notre saint solitaire fait le signe de la croix sur les eaux, qui se divisent à l'instant même, et lui offrent un libre passage. Son disciple, frappé de l'éclat de ce prodige, laissa tomber dans l'eau un livre de prières que son maître lui faisait porter. Le saint s'aperçut de la douleur du jeune Flavard, et le consola dans les termes les plus paternels : « Mon fils, lui « dit-il, tranquillisez-vous; le livre dont la perte bou- « leverse votre âme de tristesse, reste ici, sous la « garde de Dieu, qui saura nous le rendre, quand « l'heure en sera venue (2). »

(1) Une voie romaine eût aplani la difficulté : elle n'existait donc pas.

(2) Ceci arriva à l'endroit de la rivière, située entre la chapelle actuelle et la fontaine du saint abbé, disent les traditions locales.

En effet, neuf ans après, une lavandière trouva ce livre au milieu des pierres amoncelées au fond du fleuve. Elle s'empressa de le porter à saint Céneri. Il était dans un état parfait de conservation. De nos jours, dit le légendaire, que nous ne faisons pour ainsi dire que traduire, on voit encore ce livre sauvé des eaux dans la basilique du monastère (1).

Saint Céneri fixa sa demeure dans la presqu'île qui lui parut propre à sa sainte entreprise. Il s'abrita d'abord dans une humble cabane qu'il se construisit lui-même de branches entrelacées et de feuillages.

Dans cette solitude, qu'il s'était librement choisie, *sans jeter un regard de regret sur le monde et ses charmes*, notre pieux ermite ne songeait qu'à sa propre sanctification. Mais son humble vertu, comme la fleur cachée sous l'herbe, exhala un parfum de sainteté qui fit bientôt découvrir le lieu de sa retraite. La renommée, aux cent voix, publia son nom. On vint en foule visiter cet illustre étranger..... Ses prières, sa vie mortifiée, ses œuvres merveilleuses, ses prédications portèrent leurs fruits. L'auteur du livre intitulé : *Fleurs de la solitude*, p. 227, nous apprend que l'évêque de *Séez*, avec qui notre saint entretenait une filiale intimité, l'avait chargé d'évangéliser les populations des campagnes.

Plusieurs habitants de la contrée, pour se soustraire aux dangers de la séduction du siècle, ambitionnèrent d'être admis sous la conduite de ce saint solitaire. Céneri, encouragé par les sages conseils de son

(1) Ce passage de la légende de St Céneri démontre qu'elle fut écrite avant la destruction du monastère du saint abbé.

évêque, crut devoir se rendre à leurs vœux. Bientôt il se vit obligé de changer son modeste ermitage en un monastère.

Le nombre de ses disciples s'accrut si rapidement qu'il compta jusqu'à cent quarante religieux, dont l'unique occupation était de chanter jour et nuit les louanges de Dieu, et de travailler, comme une sainte milice, à la vigne du Seigneur (1). On pourrait surtout appliquer à la ferveur de leur abbé, ces paroles d'un pieux personnage :

Laus divina mihi semper fuit unica cura,
Post obitum sit laus divina mihi unica merces !

Mon bonheur fut toujours de chanter les louanges
Du Dieu qui me combla d'innombrables bienfaits.
Pour prix de mon amour, ah ! puissé-je à jamais
Unir ma faible voix aux doux concerts des anges !

Au milieu de ses religieux, Céneri partageait ses instants entre la prière, l'étude et le soin des âmes. Il trouvait son bonheur à exercer l'hospitalité ; il était mortifié jusqu'à l'héroïsme ; fort et courageux dans la tribulation et les épreuves ; sévère envers lui-même et plein d'indulgence pour les autres ; chaste dans ses discours et dans toutes ses actions ; attentif dans les veilles ; sobre dans le boire et le manger, portant sur ses traits l'amabilité jointe à la sainteté, il supportait les injures avec une patience admirable..... il couchait sur la pierre dure (2) ; les malades trouvaient près de

(1) Ordéric Vital, l. Ier.
(2) Grabato lapideo incubans, *Bollandistes*, 7 mai.— Meditans die ac nocte infatigabiliter, aut in orationum studio, aut in scripturarum morabatur exercitio. Vita sancti Cenerici, num. 14.

lui la guérison, etc. Son humilité l'empêcha de recevoir la prêtrise ; chaque jour, néanmoins, ce saint
diacre servait le prêtre à l'autel. Sans parler de ses
prières particulières, sa ferveur le portait à réciter,
chaque jour, et aux heures prescrites, l'office romain ou gallican et le cours des prières de saint
Benoît et de saint Colomban (1). Il voulait prier
comme ceux qu'il voulait imiter.

Avec le secours des offrandes des fidèles, il jeta
les fondements d'une église qu'il dédia à saint Martin
de Tours, au tombeau de qui, probablement, il avait
prié dans ses pèlerinages. La mort l'arrêta à l'œuvre.
Milhéard, évêque de Séez, termina cette église.

Enfin, saint Céneri, dans un âge assez avancé, vit
arriver le jour de sa mort, qu'il avait prédit. Fortifié
par la divine Eucharistie, entouré de ses religieux
attendris, dans l'église de saint Martin, il rendit à
Dieu doucement son âme, qu'une troupe d'esprits cé-
lestes conduisit en triomphe au ciel, le 7 mai 669.
Son corps fut inhumé sous l'autel de la même église,
qui changea le patronage de saint Martin pour celui
de saint Céneri qui lui est resté (2).

---

(1) Les règles de St Benoît et de St Colomban étaient conjoin-
tement observées dans les monastères au VIIe siècle. (HÉLYOT,
t. IV, p. 73.) — Le psautier, corrigé par St Jérôme, fut appelé
romain ou gallican, parce qu'il fut communiqué par Rome à l'é-
glise des Gaules qui l'adopta d'une manière uniforme. (*Hist. de
l'Eglise gallic.*, l. XI..)

(2) Le Cointe, Ier vol., p. 830, rapporte l'opinion de Corvaisier
qui a écrit la vie des évêques du Mans, et qui, p. 180, dit qu'il
exista entre St Léonard et St Céneri une étroite intimité que le
voisinage entretenait: *propter viciniam.* Ce qu'on ne peut ad-
mettre, puisque St Léonard mourut longtemps avant l'arrivée de
St Céneri dans le pays, au temps de Ste Bathilde.

CHAPITRE HUITIÈME.

Pèlerinage au tombeau de saint Céneri. — Profanateurs punis. — Miracles opérés. — Restes de ce pèlerinage.

Le tombeau de cet illustre confesseur devint célèbre dans la contrée. De toutes parts, on y venait prier chaque année, au jour de la fête patronale, les populations semblaient s'y donner rendez-vous. Les sentiers rapides et étroits des montagnes étaient encombrés par la multitude des pèlerins. Les étrangers, les familles du pays donnaient à cette presqu'île une animation tempérée par le recueillement de la foi. Charles Martel, à qui notre légendaire attribue ici le nom de roi, s'avançait à la tête d'une armée nombreuse vers l'ouest de la France (1). Il campa dans un lieu fortifié du Maine, peu éloigné du monastère de saint Céneri (2). Les soldats se dispersèrent dans les campagnes, les ravagèrent, sans épargner le sanctuaire vénéré de notre saint abbé. Le châtiment ne se fit pas attendre. Un essaim d'abeilles forme ses bataillons ailés, fond en bourdonnant sur cette troupe

(1) Voir les *Bollandistes*, 7 mai. — Durant tout l'été de 732, *les clairons romains et les trompettes germaniques retentirent dans les contrées de la Neustrie*, dit l'abbé d'Arras, ,.XVIII, p. 304.

(2) Etait-ce le *castrum*, ou camp romain, de St Léonard, où se trouve une excavation appelée le puits des Sarrasins, et une plate-forme appelée ville de la Finance, comme nous l'avons dit précédemment?

de pillards. Ceux-ci, aveuglés, blessés impitoyablement par ces ennemis d'un nouveau genre, prennent la fuite, se précipitent eux-mêmes dans les eaux du fleuve, où ils périssent en grand nombre.

Une autre année, au jour de la fête du saint abbé, deux étourdis, au mépris de la sainteté de ce lieu, firent paître leurs chevaux à la porte de la basilique. En punition de cette impiété fanfaronne, ces animaux entrent en fureur, brisent leurs liens de fer, tombent dans la rivière du sommet du rocher, et n'atteignent la rive opposée que par la protection visible de saint Céneri (1).

Le même historien raconte que le Seigneur se plaisait à révéler la sainteté de son serviteur. Près de cette tombe, d'un humble solitaire, s'opéraient de nombreux miracles..... Les aveugles y recouvraient la vue, les infirmes, les boiteux, les sourds y recouvraient la santé, etc.

Il est vrai, lors de l'invasion normande, les pierres de ce sanctuaire auguste furent dispersées; mais la preuve que la mémoire du saint abbé vivait dans les cœurs, c'est qu'aussitôt que sous les Giroie l'église actuelle fut construite, ce pèlerinage reprit son ancien éclat. A certains jours de l'année, des cierges allumés jetaient dans ce temple des flots de lumière.

Les traits principaux de la vie de saint Céneri, que la peinture avait retracés sur les murailles, rendaient ce tombeau encore glorieux et mille fois béni (2).

(1) Dans la contrée, on dit que les chevaux qui n'étaient pas coupables furent sauvés miraculeusement, mais que leurs maîtres périrent dans les flots.

(2) En 1857, M. Chadaigne, peintre à Alençon, découvrit sous le badigeon, des parois de murailles entièrement noircies par la flamme des cierges dont nous venons de parler. .

La pierre monumentale, couchée encore dans la chapelle de la prairie, et qui, d'après les traditions du pays, servait de lit au saint abbé, attira aussi la vénération des pieux pèlerins. Ils râclaient ce bloc granitique, qui en conserve une large entaille ; ils faisaient avaler à leurs malades cette poussière dans un breuvage préparé, espérant y trouver remède, guérison.

Grégoire de Tours assure que cette pratique était observée autrefois au tombeau de saint Marcel, à Paris. Dans ces siècles de foi, Dieu se plaisait à manifester le crédit dont ses serviteurs jouissent auprès de lui.

Ainsi, pendant douze siècles, ce pieux pèlerinage n'a presque pas éprouvé d'interruption. De nos jours encore, les fidèles aiment à visiter cette terre de souvenirs. Des mères chrétiennes entreprennent quelquefois un long et pénible voyage pour venir demander à saint Céneri la guérison d'un enfant dont les jours sont menacés.

CHAPITRE NEUVIÈME.

Hymnes et prières en l'honneur de saint Céneri.

Les hymnes qui suivent nous ont été communiquées par M. Retours, alors curé de saint Céneri. Nous en

devons la vérification à l'extrême obligeance de M. De-
letang, qui nous a procuré le texte latin avec ses
abréviations. A la Bibliothèque impériale, il est classé
sous le numéro 5574, et intitulé *Passiones martyrium*.
C'est un ancien manuscrit de Thou, mentionné dans les
Acta sanctorum, du 4 mai, page 531, sous le numéro
599 (1).

L'identité de rhythme, de doxologie; le choix des
expressions; l'emploi heureux de plusieurs textes de
l'Ecriture sainte; le ton de piété qui domine, donnent
à ces deux pièces une teinte respectable, et semblent
assigner une origine commune. Nous lisons en tête
de la seconde et à la fin de la première strophe, ces
mots : *Céneri vient de l'Italie en ces lieux*. Ne dirait-on
pas qu'autrefois les rochers de Saint-Céneri retentirent
de ces chants de triomphe? Nous osons les traduire
librement en vers français. Les voici d'abord en latin,
qui est la langue de l'Eglise (2).

---

(1) Dans ces hymnes la coupe des strophes n'est point observée. Il a été facile de s'en apercevoir. Nous les avons copiées
comme il suit: nous rapprochant le plus possible de l'ordre primitif.

(2) « On conçoit, a 'dit de nos jours un illustre écrivain, que
« pour les choses individuelles ou nationales, chaque peuple ait
« sa langue particulière. Mais l'Eglise catholique n'est point at-
« tachée à une nationalité, à un peuple. Elle les embrasse tous
« dans le sein de son unité féconde. Il convenait donc que la
« langue de l'Eglise, la langue du sacrifice, la langue du culte
« divin, fût partout la même, afin que le catholique, le chrétien
« trouvât partout chez soi, dans la maison de Dieu, son père ;
« qu'il entendit partout la langue de l'Eglise, sa mère, et qu'il
« reconnût partout l'unité de la société divine, au milieu de la
« variété des sociétés humaines... »

HYMNUS SANCTI SENERICI CONFESSORIS.

Cunctarum rerum Domino
Sit laus et jubilatio,
In Senericigloria,
Quæ data est ex gratiâ.

Senericus juvenculus
Piis intentus studiis
Spernendo mundi gloriam,
Comparavit perpetuam.

Levita apostolicis
Ordinatur in sedibus;
Stolâ se sanctimoniæ
Ornavit et justitiæ.

Confregit hostem viribus
Quas accepit divinitus,
Regnum se fecit Domino
Regi regum pacifico.

Resplenduit virtutibus
Quas servo dedit Dominus,
Languores curans corporum
Medensque morbos mentium.

Precatu cujus adjuva,
Omnipotens, nos, Trinitas,
Pater, fili, Paraclite,
Regnans æterno tempore.

Amen !

TRADUCTION.

HYMNE EN L'HONNEUR DE SAINT CÉNERI, CONFESSEUR.

Bénissons en ce jour, dans nos chants d'allégresse,
L'immortel souverain de la terre et des cieux ;
Couronnant Céneri, des mains de sa tendresse,
Il couronne sa grâce et ses dons précieux.

Dès ses plus tendres ans, Céneri, sans alarmes,
Grave en son jeune cœur la loi du Dieu d'amour,
D'un monde périssable il foule aux pieds les charmes
Pour conquérir un trône au céleste séjour.

A Rome, il est admis dans la sainte milice,
Pour prodiguer ses soins au pauvre, au pèlerin ;
La douce Charité, la Candeur, la Justice,
Sont l'insigne ornement du fervent Célerin.

Un pur rayon du ciel vient éclairer son âme
Et lui montre l'écueil caché sous la grandeur.
Il le brise, et déjà, dans l'ardeur qui l'enflamme,
Au Seigneur Roi de rois il a donné son cœur.

Les peuples étonnés bénirent la puissance
Que le ciel fit briller dans ce saint serviteur.
On l'invoque ; soudain il bannit la souffrance,
Rend aux cœurs agités le calme et le bonheur.

De ce saint protecteur exaucez la prière ;
Daignez nous secourir, puissante Trinité ;
Seul Dieu, qui, sans nuage, éternelle lumière,
Régnez dans les splendeurs de l'immortalité !

ALTER HYMNUS.

Senericus hic advena
Veniens ex Italiâ,
Exemplis alterius Abram,
Sprevit parentes, patriam.

Fulsit in nostras tenebras
Illustrandas per Dominum,
Lampas clara justitiæ,
Verbo factus et opere.

Succurrit pœnitentibus;
Præsens se deprecantibus;
Inflectit pium judicem,
Reatum confitentibus.

Precatu cujus adjuva,
Omnipotens, nos, Trinitas,
Pater, Fili, Paraclite
Regnans æterno tempore.

Amen!

TRADUCTION.

AUTRE HYMNE.

L'illustre Céneri, enfant de l'Italie,
Sur nos monts escarpés, vient fixer son séjour,
Comme un autre Abraham, il quitte sa patrie,
Et dit à ses parents un adieu sans retour.
Il paraît! ses vertus, sa parole puissante
Éclairent les esprits et triomphent des cœurs;
Telle pendant la nuit une lampe brillante,
Dont la vive clarté dissipe nos erreurs.

A l'humble repentant il se montre propice,
Il donne au suppliant un paternel accès ;
Du juge souverain il fléchit la justice,
En faveur du pécheur déplorant ses excès.

De ce saint protecteur écoutez la prière;
Daignez nous secourir, puissante Trinité :
Seul Dieu qui, sans nuage, ineffable lumière,
Régnez dans les splendeurs de l'immortalité.

ANTIENNE.

Extrait d'un vieil antiphonaire à l'usage du diocèse de Séez (1).

Sanctus Cenericus, angelico jussu audito, Romam
deserit, Italiæque colles pertransit, cum multo labore
ad urbem cenomanicam pervenit; ubi aliquandiù sanc-
tissimò conversatus est. Tunc assumpto secum pue-
rulo quodam nomine Flavardo, Christo ducente,
diœcesim properat Oximensem. Alleluya!

TRADUCTION.

A la voix d'un ange qui commande, saint Céneri
quitte la ville de Rome, franchit les montagnes de
l'Italie, et arrive au Mans après beaucoup de fatigues.
Pendant quelque temps, il mène en cette ville la vie
la plus sainte. Alors il prend avec lui un jeune enfant
nommé Flavard; et le ciel guidant ses pas, il s'avance
vers le diocèse d'Hièmes. Alleluya !

---

(1) N° 123 de la Bibliothèque d'Alençon.

ORAISONS A SAINT CÉNERI.

Dans un missel manuscrit, que possède la bibliothèque d'Alençon, on lit l'Oraison suivante :

« Concede, quæsumus, omnipotens Deus (ici quelques mots effacés), ut qui beati Cenerici confessoris tui natalitia colimus, ipsius meritis et precibus, ab omnibus liberemur offensis. Per Christum, etc. »

Dans le Bréviaire de Séez, de 1745, on trouve cette autre Oraison :

« Præsta, quæsumus, omnipotens Deus, ut beatum Cenericum abbatem in abnegatione sui, imitantes, ab omni impietate liberati, et tibi perseveranter servire ejus intercessione, valeamus. Per Christum, etc. »

Dans un missel du Mans, de 1749, on lit cette autre :

« Annue, quæsumus, clementissime Deus, orationibus populi tui, ut quos in celebritate sancti Cenerici abbatis adesse fecisti, ejus propitius precibus, æternâ perfrui beatitudine concedas. Per Christum, etc. »

TRADUCTION DE LA PREMIÈRE ORAISON.

Dieu tout puissant, faites, nous vous en supplions, que, célébrant la mémoire du bienheureux Céneri, votre confesseur, nous soyons délivrés de tous péchés, par ses mérites et ses prières. Par N.-S. J.-C.

TRADUCTION DE LA SECONDE.

Dieu tout puissant, nous vous en conjurons, faites qu'imitant le saint abbé Céneri dans sa généreuse abnégation de lui-même, nous puissions, par son intercession, être délivrés de toute impiété, et persévérer dans votre service.

Dieu très-clément, nous vous en supplions, exaucez les prières de votre peuple, et faites que ceux à qui vous avez accordé la faveur de célébrer la fête du saint abbé Céneri, jouissent, un jour, par son intercession, de l'éternelle béatitude. Par N. S. J.-C.

CHAPITRE DIXIÈME.

Destruction du monastère de Saint-Céneri. — Tombeaux des moines qui en rappellent le souvenir. — Des voleurs se réfugient en ce lieu : ils en sont chassés.

Depuis la mort de notre saint abbé, arrivée en 669, jusqu'à la destruction de son monastère, plus de deux siècles s'écoulèrent. Pendant ce laps de temps, un nuage épais plane sur ce peuple de cénobites et le dérobe complétement à nos regards..............
....
Pendant les premières incursions normandes, au ixe siècle, le monastère mérovingien de saint Céneri fut épargné ; on s'y refugiait même comme dans un sûr asile. Ainsi, vers l'année 871, Hildebrand, évêque de Séez, procéda solennellement à l'ouverture du tombeau de saint Godegrand, dans l'église de l'abbaye de

Montreuil, près Almenêche, dont sainte Opportune,
sœur du confesseur, était abbesse. Déjà les voûtes du
temple retentissaient de chants d'allégresse, quand
tout à coup succédèrent à la psalmodie l'agitation et
les cris d'alarmes... les phalanges païennes arrivaient
comme une inondation. Elles n'étaient plus éloignées
que d'un mille de ce sanctuaire auguste... A leur vue,
les fidèles effrayés se dispersent. Le clergé s'enfuit
précipitamment, emportant les reliques de saint
Godegrand. Il se dirige, avec son précieux fardeau,
vers le monastère de saint Céneri, qu'il croit à l'abri
des profanations. Plus tard, il fut forcé de fuir encore
devant les ennemis du nom chrétien et de transporter
son trésor dans la cité du Mans (1).

En effet, sous le règne de Charles le Simple, vers
les dernières années du IXe siècle, ou, comme le dit
Baillet, au commencement du Xe siècle (2), les hordes
normandes tombèrent comme une avalanche sur la
Neustrie; y portèrent le fer et le feu : *Rien ne demoura,*
dit un historien, *et tuaient hommes, femmes et petits
enfants.*

Les auteurs de la *Neustria pia*, disent aussi que :

Undique tunc misero miscetur Neustria luctu (3).

La mort et la terreur planaient sur la Neustrie.]

Ces barbares, avides de butin, découvrirent la retraite des moines de Saint-Céneri. Dans l'espoir de
recueillir une abondante moisson de richesses, ils y
tombèrent comme sur une nouvelle proie. Les fidèles,

(1) Dom Piolin, *Histoire de l'église du Mans*, 3 v., p. 420.
(2) *Topographie des SS.*, p. 126.
(3) *Neustria pia*, p. 478.

avertis du danger qui les menace, s'empressent de se
charger du corps du saint abbé et de le transporter
respectueusement à Château-Thierry, place alors for-
tifiée sur les bords de la Marne (1). Le monastère est
envahi, profané, pillé. Ses paisibles habitants sont dispersés, et cet asile de la prière, naguère si florissant,
n'offre plus qu'un amas de ruines !

Vers 1133, Orderic Vital, parlant des anciens religieux de Saint-Céneri, disait que les tombeaux en
pierre qu'on voyait en la basilique de ce lieu, et en
dehors de son enceinte, témoignaient de la présence
de tant de fervents cénobites ignorés qui s'y reposaient
dans le silence de la mort.

A présent encore, on en découvre fréquemment
dans le voisinage de l'église. Autrefois le sacristain du
village les vendait à son profit, ce qui nous explique
la présence de ces cercueils dans les fermes de la
campagne où ils servent d'abreuvoirs aux troupeaux.
Le 20 juillet 1857, M. de Caumout, en visitant l'Église
de Saint-Céneri, vit un de ces cercueils qui était en
pierre de grès ferrifère et sans inscription. On venait
de l'exhumer. On en aperçoit trois, sous les murs de
l'abside méridionale de l'église, et un autre sous les
murs de l'abside opposée. Ces cercueils, dont les pieds
sont tournés vers l'orient, sont remplis de la maçon-
nerie des murs. Ils leurs sont donc antérieurs..

Ces tombeaux de dimensions différentes ont tous la
même forme : la partie où repose la tête du défunt
est plus large que celle des pieds, vers laquelle on
remarque une légère inclinaison.

(1) Orderic Vital, t. VIII.

Ces cercueils furent la dernière demeure des pieux religieux : c'était leur unique propriété. Pourquoi les en dépouiller? pourquoi vendre la dépouille d'autrui? Ces tombeaux ne sont-ils pas comme autant de reliquaires qu'on doit entourer de respect?

Après l'invasion normande, il n'était pas rare de rencontrer des brigands qui infestaient notre patrie si cruellement éprouvée.

Ordinairement, ils se retiraient dans des lieux inaccessibles, ne quittaient leur retraite que pour piller et faire des victimes.

Les ruines de Saint-Céneri parurent, à une bande de ces meurtriers, favorables à leur criminelle profession ; ils vinrent s'y retrancher. Alors que d'alarmes dans la contrée! Quel changement dans ce lieu! Ce n'étaient plus d'humbles religieux unis par les liens de la douce charité, qui n'avaient pour armes que les larmes et la prière. Ils étaient remplacés par des hommes féroces qui ne respiraient que le vol et le sang. Le ciel ne laissa pas tant de crimes impunis; dans sa colère, il visita ces lieux profanés, fit pleuvoir sur les profanateurs mille calamités : l'incendie, la division, le meurtre, éprouvèrent tour à tour ce repaire du crime. Depuis le départ et la dispersion des disciples de saint Céneri, la malédiction sembla planer sur ce rocher souillé par tant de forfaits, et en bannir à jamais la paix. Ces détails nous sont fournis par Orderic Vital (1), qui ne nous dit rien de l'époque à laquelle ces faits se rattachent.

(1) Livre VIII.

CHAPITRE ONZIÈME.

Raison du culte rendu à saint Céneri.

Quoi qu'il en soit des détails qui précèdent sur la vie de saint Céneri : son existence sur son rocher de l'Alençonnais, sa sainteté, ses œuvres merveilleuses, n'en sont pas moins incontestables.

En effet, ce saint abbé venait de rendre le dernier soupir sur les dalles du temple ; ses disciples s'empressèrent d'entourer ses restes mortels d'amour et de respect. Le monastère qui avait été témoin de tant de vertus héroïques, acclama avec un saint transport la sainteté de son fondateur. Après l'avoir aimé comme un père, ces nombreux cénobites le prièrent comme un ami de Dieu et comme un protecteur. Ils déposèrent son corps sous l'autel de l'église qu'il avait commencée. Milhéard, évêque de Séez, loin de s'opposer au zèle tout filial des enfants de saint Céneri, fut le premier à encourager cette canonisation spontanée, et à en reconnaître la légitimité.

Il acheva la basilique du saint abbé, et, ce qu'il y a de plus frappant, c'est qu'au lieu de lui conserver le patronage de saint Martin, il lui donna celui de saint Céneri.

On s'empressa d'écrire la vie de ce saint confesseur.

La translation de ses reliques à l'approche des hordes barbares, les cérémonies qui l'accompagnèrent sont des témoignages qui redisent le jugement des peuples.

Des églises s'élevèrent en son honneur : dans le seul diocèse de Séez, deux paroisses le choisirent pour patron (1). Dans la contrée, les parents mettent leurs enfants, au jour de leur baptême, sous le patronage de saint Céneri.

Le Maine, l'Anjou, le diocèse de Soissons en célèbrent la mémoire. Dans le doyenné de Monfort, diocèse du Mans, une église lui est dédiée (2). Château-Thierry en conserve et en vénère les reliques. Autrefois cette ville, chaque année, se faisait gloire de les porter en triomphe et processionnellement, dans l'enceinte de ses murs (3). Dès le xiiie siècle, le diocèse de Poitiers possédait une église dédiée à saint Céneri (4).

A Saulges, diocèse de Laval, les récits de ses miracles sont restés populaires. Au Grand-Lucé (Sarthe), la chapelle de la Valencière était dédiée à saint Célerin (5).

Au xiie siècle, le monastère de Saint-Evroul célébrait la fête de saint Céneri, le 7 mai, comme l'in-

(1) La paroisse de Saint-Cénery près Séez a été réunie à celle d'Aunon-sur-Orne, d'Orville, p. 360. — *Juxta Sagium sancti Petri de sancto Senerico.* — On dit que saint Céneri, venant de Séez, s'arrêta dans ce lieu. — Voir les leçons du bréviaire de Séez, de 1745.

(2) Saint-Célerin-le-Géré.

(3) *Fleurs de la solitude.*

(4) Pouillé du grand Gauthier (Poitiers).

(5) Pouillé du Mans.

Corvaisier, p. 152, assure que de son temps on voyait dans la cathédrale de Saint-Maurice d'Angers, *à main gauche en entrant, un autel, avec deux images en relief, représentant saint Céneri et saint Céneré,* etc.

dique un calendrier, manuscrit du même temps qui se trouve à la bibliothèque d'Alençon et qui est classé sous le n° 105.

L'auteur des *Acta sanctorum*, au 4 mai, page 531, dit avoir trouvé à la bibliothèque de Thou, à Paris, de très-vieux manuscrits contenant des fragments des offices et des leçons de saint *Sineri*, que vénère la Normandie : « Inter membranas nobis sic ostensus fuit codex signatus 599, ubi manu antiquissimâ scriptæ paginæ aliquot habebunt fragmenta ex officiis seu lectionibus sancti Sinerici qui in Normanniâ floruit,» etc.

Un missel de Saint-Pierre-de-la-Cour du Mans, édité en 1489, sous M. Despinoy, par Guillaume Letailleur, place aussi la fête de saint Cénéri au 7 mai ; deux autres missels du Mans, l'un de 1494 et l'autre de 1517, dans leurs calendriers placés en tête, font mention de saint Séneric, confesseur.

Les bréviaires particuliers du Mans, de Séez et de plusieurs autres églises en faisaient l'office (1).

Les litanies des Saints, à l'usage du diocèse de Séez, plaçaient saint Cénéri au rang des confesseurs. On sait que les livres liturgiques ont une autorité bien plus imposante qu'un livre particulier, parce qu'ils sont l'expression de la foi et des croyances de l'Eglise.

A ces témoignages, joignons celui des historiens les plus graves qui ont consacré leurs labeurs, leurs veilles, leurs talents, à publier les vertus de notre saint abbé. Nous citerons entre autres : Mabillon (2),

(1) A l'époque où surgirent en France tant de bréviaires particuliers, l'esprit janséniste éloignait pourtant facilement les légendes et le merveilleux.

(2) *Actes*, p. 573.

les Bollandistes (1), les savants auteurs de la *Gallia Christiana* (2), *l'histoire de l'Église gallicane* (3), Godescard (4), qui cite lui-même Henschenius, Bulteau, Trigan, etc.

Ces hommes éminents étaient-ils des esprits bornés? Ignoraient-ils les lois de la critique? N'ont-ils vu dans saint Céneri qu'un personnage de roman, qu'un ermite aventurier? Oh! cent fois non!

Ils ont interrogé le passé, en ont étudié attentivement les faits, leurs valeurs, leurs titres; et d'un accord unanime, ils ont uni leur voix à la voix des siècles pour proclamer la sainteté de Céneri.

Dans un vieux martyrologe manuscrit de Faremoutier, diocèse de Meaux, se trouvait inscrit autrefois le nom de saint *Sineric*.

Usuard, dans les notes adjointes à son Martyrologe, reconnaît que ce personnage est le même que le diacre Sagien.

Le Martyrologe de Labbe, celui du monastère de Saint-Udalric, à Ausbourg, font également mention de saint Céneric au 7 mai (5).

Le Martyrologe gallican, du Saussay, apporte aussi à la sainteté du bienheureux Céneri, son tribut d'hommage, voici comment il s'exprime:

« Au pays de Séez, saint Céneri, abbé et confesseur,
« fonda un monastère dans lequel, après avoir, au

(1) 7 mai.
(2) Tome XI, p. 711.
(3) Livre IX.
(4) 7 mai.
(5) Bollandistes, *Mois de juin*, t. VIII, p. 15.

« milieu de ses religieux, servi le Seigneur en toute
« pureté et dévotion, finit heureusement sa vie (1). »

Ainsi les traditions les plus vivantes, les monuments,
douze siècles forment un ensemble de preuves, de
témoignages, qui établissent admirablement la légitimité de la vénération dont on a entouré le tombeau de
saint Céneri.

Ajoutons que, dans le propre des saints du diocèse
de Séez, formant appendice au bréviaire romain que
Mgr Rousselet, dans sa sagesse, vient de rendre à son
clergé, la cour de Rome a approuvé la mémoire du
saint confesseur Céneri (2).

Ainsi, quand l'église de Jésus-Christ, qui est la co-
lonne de la vérité, protége de son autorité, sanctionne
de sa parole des hommages solennels rendus à la sainteté de ce bienheureux, nous n'avons qu'à nous in-
cliner et à nous écrier avec saint Augustin : *Rome a
parlé, la cause est finie : Finita est causa* (3).

(1) In territorio Sagiensi, sanctus Cenericus abbas et confessor
cænobium construxit, in quo cum religioso cœtu multâ puritate
ac devotione, Domino serviens, vitæ cursu beatè peracto, sancte
quievit. (*Martyr Gall.*, p. 266.)

(2) Quand, en 1857, Mgr Rousselet, évêque de Séez, présenta
à l'immortel Pie IX la rédaction du propre des Saints à l'usage
de son diocèse, Sa Sainteté parut éprouver une agréable surprise
à la rencontre fortuite du nom et de la patrie de saint Céneri. « *Spolète !* » reprit le pieux pontife avec un sourire de bonté que faisaient
éclore sur ses lèvres de doux souvenirs, « *Spolète !* mais, j'en ai été
vêque ! Votre saint Céneri est des nôtres... »

(3) S. Augustin, *Serm. CXXXI.*

SECONDE PARTIE.

CHAPITRE PREMIER.

Rollon, duc de Normandie, donne à Abon la terre de Saint-
Céneri. — Origine de la famille Giroie. — Giroie, seigneur de
Saint-Céneri. — Ses exploits, sa mort. — Les enfants de
Giroie. — Le comte de Brionne veut injustement les dépouil-
ler d'une partie de leur héritage. — Il est vaincu par eux. —
Sa mort. — Les filles de Giroie se marient honorablement. —
Mort prématurée d'Arnaud, leur frère aîné.

Nous laissons le saint abbé dont la vie et les œuvres
ont fixé notre attention, pour nous occuper du lieu
auquel il laissa en héritage son nom et sa mémoire :
mais pour raconter ce qui se passa sur ces rochers
privés de leurs premiers bienfaiteurs, nous prenons
pour point de départ l'année 912, époque précise où
le fameux Rollon obtint du roi Charles le Simple, la
Neustrie en propriété ou alleu, et sa fille en mariage (1).

Ce chef normand, après la conclusion du traité de
paix qui assurait, à lui et à ses compagnons d'armes,
cette province dévastée, s'occupa d'en diviser les ter-

---

(1) André Duchêne, t. V, p. 781. — Bouillet, *Dict.*, p. 354. —
Orderic Vital, lib. I, p. 162. — *Hist. eccl.*

res, et de les donner tant à ses guerriers, sortis comme lui de la Norvége, qu'à des seigneurs de France et de Bretagne qu'il avait attirés pour peupler sa conquête (1).

Un chevalier breton nommé Abon, donna naissance à la famille des Giroie qui, en Normandie, joua un rôle si important, sous le régime féodal, et dont la foi égalait le courage chevaleresque.

Ce sera retracer l'histoire du village de Saint-Céneri, que de retracer celle de ses maîtres, qui, en transportant sur ces monts escarpés le siége de leur puissance, ne se mirent pas à l'abri des orages.

.... *Feriunt fulmina montes*
La foudre sourdement gronde dans les campagnes.
Et frappe avec fracas le sommet des montagnes.

Abon eut un fils qui fut appelé Arnaud le Gros de Courcerault (2), et qui lui succéda. Ce fils eut deux enfants savoir : Hildiarde et Giroie (3).

Hildiarde donna le jour à trois fils et à onze filles, qui se marièrent honorablement, et dont les enfants, dans la suite, s'illustrèrent dans la carrière des armes, en France, en Angleterre et dans la Pouille.

Giroie se rendit célèbre par sa valeur, sa puissance, et par la noblesse de ses sentiments. Il prit les armes en faveur de Guillaume de Bellême, contre Herbert, comte du Maine. Un jour, Bellême, vaincu, se voyait

(1) Duchêne, *Hist. norm.*
(2) Près Mortagne (Orne).
(3) Quelques étymologistes ont trouvé dans ce nom celui de George.

forcé de prendre la fuite, quand Giroie parut avec les siens, rétablit le combat, et parvint en faisant des prodiges de valeur, à mettre en fuite Herbert et son armée. Cette bataille eut lieu dans la forêt de Blavou, vers l'année 1028 (1).

Les années suivantes, Giroie emporta de nombreux avantages sur le comte du Maine; mais il ne put, malgré ses efforts, empêcher ses compagnons d'armes, de pendre Gauthier de Sor et ses deux fils que l'on venait de faire prisonniers. A cette nouvelle, les trois autres fils du noble et infortuné chevalier qui défendaient le château de Ballon, se rendent à la prison de Robert, fils du comte de Bellême, et le massacrent impitoyablement à coups de haches, comme un animal immonde (2).

Guillaume Talvas succéda à son père. Au milieu des vicissitudes de la guerre, avec le secours de Giroie, il reprit toutes ses possessions du Saonois et du Perche.

M. l'abbé Voisin confond ici les personnages (3). Ce ne fut pas le vainqueur de Blavou qui subit l'humiliante mutilation du cruel Talvas, mais son fils Guillaume, comme nous le dirons bientôt. Un cheva-

---

(1) Dumoulin rapporte ce fait d'arme de Giroie à l'année 1028. — Voir aussi Guillaume de Jumiéges, l. VI, c. IV. — *L'art de vérifier les dates*, t. XIII, p. 145. — Ord. Vital, l. III, p. 22.

(2) Securibus in carcere ut porcum mactaverant. ORD. VITAL, l. XIII, p. 4. — Dans l'une des arcatures qui couronnent le tympan de la porte de l'église de Saint-Ursin, à Bourges, le mois de novembre est représenté tuant un porc à coup de hache, soit dit pour rappeler simplement un usage.

(3) Voir Orderic Vital, l. III.

lier normand, nommé Heugon, offrit sa fille unique en mariage au brave Giroyen, et lui donna pour dot la terre d'Echaufour, de Montreuil-l'Argillé et ses dépendances. Le père et la fille étant morts avant les noces, Guillaume de Bellême conduisit Giroie à Rouen, à la cour de Richard, duc de Normandie, qui le combla d'honneurs et lui assura les possessions des biens d'Heugon. A son retour, Giroie épousa Gislette, fille de Turstin de Bustembourg. Onze enfants naquirent de ce mariage : sept fils et quatre filles, savoir : 1° Arnaud ; 2° Guillaume ; 3° Fouché ; 4° Raoul-Maucouronne ; 5° Robert ; 6° Hugues ; 7° Giroie ; 8° Heremburge ; 9° Hadvise ; 10° Emma, et 11° Adélaïde.

Comblé de biens, entouré d'une nombreuse famille, ce héros ne se laissa pas éblouir par l'éclat de sa fortune. Il fut le fidèle et dévoué serviteur de Dieu. Toujours il entoura de respect l'Eglise de Jésus-Christ, les ministres des autels. Il bâtit à ses frais six églises ; deux à Verneuces ; une à Glos, près Lisieux ; une à Echaufour ; une à Montreuil-l'Argillé, et une à Hauterive. Croyons, dit Orderic Vital, que tant de bonnes œuvres auront plaidé, devant Dieu, la cause de cette illustre défunt, et lui auront obtenu la couronne des saints !

En mourant, Giroie laissait ses fils en bas âge, à l'exception d'Arnaud et de Guillaume qui étaient déjà armés chevaliers. Le comte de Brionne voulut profiter de la jeunesse et de la faiblesse de ces orphelins sans défense, pour les dépouiller d'un domaine important de leur héritage ; mais secondés par des amis généreux, ces enfants pleins de courage le vainquirent en rase campagne ; s'emparèrent même du bourg du

Sap, qui appartenait à leurs ennemis. Robert, duc de Normandie, les félicita de leur triomphe ; néanmoins, pour assurer la paix, il obtint du comte de Brionne, en faveur des orphelins victorieux, l'abandon du bourg dont ils s'étaient emparés. Contrairement à la parole donnée, le comte de Brionne voulut le reconquérir à main armée quelques années après ; mais sa conduite peu honorable, lui attira une mort violente dont Guillaume de Jumiéges accusa l'audace de Robert, fils de Giroie (1).

Les filles de Giroie trouvèrent des partis honorables ; Heremberge, l'aînée, se maria à Vascelin, seigneur de Pont-Echanfré. De ce mariage naquirent Guillaume et Raoul, qui dans la suite servirent puissamment Robert Guiscard dans la Pouille et la Sicile.

En 1106, Boémond, fils de Robert Guiscard, épousa Constance de France, dans l'église de Notre-Dame de Chartres. Dans ce sanctuaire vénéré, et au pied de l'autel de la Vierge-Mère, il fit à l'assistance une peinture si éloquente de la Palestine, qu'une multitude de seigneurs enflammés d'une sainte ardeur, prirent la croix et se disposèrent à voler au secours des Saints lieux. Parmi cette noblesse guerrière qui savait allier la valeur à la foi, on remarqua Guillaume et Raoul de Pont-Échanfré, les dignes fils d'Heremburge Giroie. Ils avaient pour compagnons d'armes, Simon d'Anet, Robert de Maule, Hugue-sans-Avoir, etc.

L'épouse de Raoul voulut l'accompagner dans cette lointaine et périlleuse pérégrination.

(1) Willelm Gemmet, *Hist. norm.*, VII, 2.

L'année suivante, ils étaient dans la Pouille, parmi les guerriers de Boémond.

Au printemps de l'année 1109, après le traité de paix conclu entre l'Empereur de Constantinople, et Boémond, Raoul et son frère, firent le voyage de cette ville, où l'empereur Alexis les combla de présents. Bientôt ils en partirent pour se rendre dans la ville Sainte, où mourut l'épouse de Raoul. Elle fut honorablement ensépulturée. Celui-ci revint dans sa patrie, après de glorieux exploits, il périt en 1120, au naufrage de la Blanchenef. Nous ignorons ce que devint son frère.

Hadvise se maria avec Robert Grentemesnil, qui en eut Hugue (1), Robert, Arnaud, et trois filles. Après la mort de son mari, Hadvise se remaria à Guillaume d'Evreux, fils de l'archevêque Robert, comte d'Evreux. De cette nouvelle alliance sortit Judith, qui devint l'épouse de Roger, comte de Sicile.

Emma épousa Roger du Merlerault; d'où Raoul et Guillaume, père de Raoul et de Roger.

Adélaïde fut mariée à Salomon de Sablé; de ce mariage naquit Renaud, père de Liziard de Sablé. De concert avec son mari, elle fit construire, en pierre, les églises de Notre-Dame et de Saint-Martin de Sablé, qui précédemment étaient bâties en bois (2).

---

(1) Hugue de Grentemesnil eut trois fils: Ive, Albéric et Guillaume. Celui-ci s'établit dans la Pouille où il épousa Mabile, fille de Robert Guiscard. Ces trois frères partirent pour la première croisade, en 1096. Ils se couvrirent de honte au siège d'Antioche, en 1098, en fuyant lâchement de la ville au moyen d'une corde suspendue à une des murailles; d'où leur vint le surnom dérisoire de *funambules* d'Antioche.

(2) Pesche, art. Sablé.

Arnaud, l'aîné des fils de Giroie, était un homme fort et plein de probité : un jour, près de Montreuil-l'Argillé, par forme de badinage, il voulut essayer les forces d'un jeune homme robuste. Dans cette lutte, Arnaud fit une chute dans laquelle il se brisa trois côtes. Il succomba à la douleur, après trois jours de souffrances, laissant un fils nommé Guillaume, qui donna au monastère de la Sainte-Trinité du Mont, l'église et la dîme de la terre de Giverville (1).

CHAPITRE DEUXIÈME.

Guillaume Giroie. — Ses qualités. — Geofroy de Mayenne lui bâtit le château de Saint-Céneri. — Malheurs de Giroie. — Il prend l'habit monastique. — Il contribue au rétablissement du monastère de Saint-Evroul. — Ses donations. — Son voyage en Sicile. — Sa mort à Gaëte, en 1057.

Par la mort de son frère, Guillaume Giroie devint l'aîné de la famille, dans l'ordre de la naissance. Pendant sa carrière, il conserva un empire absolu sur ses frères. Il était éloquent, enjoué, généreux, courageux, aimé des siens et redouté de ses ennemis. Sur ses terres de Montreuil-l'Argillé et d'Echaufour, il fit respecter, en faveur de Roger, évêque de Lisieux, des coutumes établies par son père. En 1031, dit Dumoulin, page 116, Guillaume Giroie était du nombre des braves chevaliers qui s'illustrèrent dans la Pouille et dans la Grèce. A son retour de ces contrées lointai-

(1) Charte citée au 2e v. d'Ord. Vital, p. 26. — Giverville est du département de l'Eure.

nes, il épousa Hiltrude, fille de Foulbert de Beine (1),
qui, du temps du duc Robert, bâtit le château de l'Ai-
gle. Il en eut un fils qu'on nomma Arnaud d'Echaufour. Après la mort de cette première femme, il
épousa Emma, fille de Vauquelin de Tannei (2), de
laquelle il eut un fils nommé Guillaume, qui, dans la
suite, s'établit dans la Pouille où on le nomma le *bon
Normand*. Il devint porte-étendard de saint Pierre et
chef de la milice de l'armée romaine. Il fit la conquête de la Campanie (3). Guillaume Giroie fut honoré
de l'affection de Richard et de Robert, ducs de Normandie; mais ce qui lui attira bien des cruels revers,
ce fut d'être obligé, par nécessité de position, de servir tantôt le comte de Bellême, tantôt Geoffroy de
Mayenne, si souvent armés l'un contre l'autre.

En 1039, nous trouvons Giroie, *Geroyus*, assistant
comme témoin à l'acte de Guy II, de Laval, reconnais-
sant les droits du chapitre de Saint-Julien, sur l'église
d'Asnières. (Dom Piolin, t. III, p. 147.)

En 1040, la guerre, comme un incendie, s'étant al-
lumée entre Geofroy de Mayenne et Guillaume Talvas, seigneur d'Alençon, celui-ci fit prisonnier son
illustre adversaire, et ne voulut lui rendre la liberté
qu'à la condition que le château de Montaigu, qui lui
portait ombrage, serait détruit. Ce château était situé
sur le territoire de la Poôté des Nids, et appartenait à
Guillaume Giroie. Ce chevalier généreux s'empressa
d'accéder aux dures exigences de Talvas, rasa sa for-

(1) A présent la Bigne, hameau de Guéprei, Orne.
(2) Tannei à Cisai, Orne.
(3) Orderic Vital, l. III, p. 56. — Guillaume de Jumièges, l. VII,
c. X.

teresse, et délivra ainsi son seigneur de la captivité.
Geofroy de Mayenne ne perdit pas le souvenir de ce
trait de dévouement : rendu à la liberté, pour dédom-
mager son libérateur, il lui fit bâtir la forteresse de
Saint-Céneri, sur les bords escarpés de la Sarthe. Ceci
arriva la même année. Telle est l'origine du château
de Saint-Céneri. Giroie était aussi seigneur d'Echaufour et des terres dépendantes. Il entendit parler de
la fontaine de Saint-Evroul qui coulait à l'ombre de
la forêt, et de l'ancienne église de Saint-Pierre, délaissée sur les bords de la petite rivière de Charen-
tonne. Bientôt, guidé par une pieuse curiosité, il par-
court ces lieux qu'il trouve propres au culte de Dieu ;
joyeux de sa découverte, il charge deux prêtres appelés Restold et Ingranne, d'y faire revivre le service
divin, et leur assure, pour vivre dans cette solitude,
un honnête entretien.

Il nous paraît certain que les moines que nous trou-
verons à Saint-Céneri, en 1050, y furent ainsi appelés
vers le même temps.

Pendant que Giroie était entouré dans le monde
d'une considération bien méritée, il fit le voyage de
la Terre-Sainte. A son retour, Guillaume Talvas, qui
avait fait étrangler sa première épouse, invite le chevalier Giroie de venir à ses secondes noces (1). Raoul
Maucouronne présage à son frère un malheur, et
s'efforce de le détourner de cette partie de plaisir. Le
chevalier plein de cœur ne peut soupçonner celui qui
lui donne des marques d'amitié. Il se rend donc à

_____

(1) La seconde épouse de Talvas s'appelait Haldeburge: elle
était fille de Raoul, vicomte de Beaumont, Sarthe.

Alençon sans défiance, accompagné seulement de 12 chevaux. Pendant les fêtes au château, Talvas prétexte une absence : à peine sorti, ses ordres barbares sont exécutés. Ses satellites s'emparent de Giroie et exercent sur lui les plus humiliantes mutilations. Ils lui crèvent les yeux, lui coupent les oreilles, etc., en présence de plusieurs assistants qui versent des larmes d'attendrissement : il est jeté dans une des tours du château ; cette tour détruite en 1782, fut depuis appelée tour du chevalier Giroie (1). Talvas, devenu odieux à tous, fut forcé par son propre fils Arnulfe, de prendre la fuite. Il mourut en exil en 1048, dit dom Piolin, 1er v.

Raoul Maucouronne, habile dans l'art de guérir, prodigua ses soins à son frère, et parvint à lui conserver la vie.

L'histoire ne nous dit rien des motifs qui engagèrent le cruel Talvas à humilier ainsi la famille Giroie dans son illustre chef. N'était-ce point la jalousie de sa puissance? La considération dont Guillaume Giroie était entouré dans le monde ne portait-elle point ombrage à la maison de Bellême? Talvas trouvait-il dans la conduite honorable du seigneur de Saint-Céneri, la censure de la sienne?

Rétabli de ses blessures, Giroie voulut en témoigner à Dieu sa reconnaissance ; il entreprit une seconde fois le voyage de Jérusalem. De retour dans ses foyers, il donne à son frère Robert la terre et le château de Saint-Céneri (2), et va s'ensevelir dans l'abbaye du

(1) Odolant Desnos, 1 v. — Le guet-apens de Talvas me paraît avoir eu lieu vers les années 1045, 1046.
(2) Odol. Desn., 1 v., p. 139.

Bec, où, trois ans après ses malheurs, il prend l'habit religieux (1). Il donna à sa communauté, l'église en ruines de l'ancien monastère de Saint-Evroul. L'illustre Herluin qui était alors abbé du Bec, chargea le moine Lanfranc, qui devint plus tard archevêque de Cantorbéry, et trois autres religieux, de la mission, d'aller rebâtir cette église abandonnée, et d'y remplir la charge de prieur (2). Lanfranc et ses frères se transportent dans cette solitude. Ils y font la rencontre de deux clercs avancés en âge, qui, dans ces masures tapissées de lierres, et depuis 1030, servaient Dieu dans les privations de la pauvreté. C'étaient Restolde et Ingranne, dont nous avons parlé (3).

Quelque temps après, à l'exemple de tant de seigneurs qu'une pieuse émulation portait à bâtir des monastères, Hugue et Robert de Grentemesnil conçurent le projet d'en fonder un aussi pour le salut de leurs âmes, et celui de leurs ancêtres. Déjà ils en avaient jeté les premiers fondements à Norrei, où était situé le château des seigneurs de Grantemesnil (4).

Guillaume Giroie en est informé. Avec la permission de ses supérieurs, il sort de son monastère, et va trouver ses neveux : (leur père Robert de Grantemesnil avait épousé Hadvise Giroie, sœur de Guillaume). Il loue leur zèle, et leur exprime le désir de s'adjoindre à eux dans l'exécution de leur entreprise. Mais il

---

(1) *Neustria Pia*, p. 478.
(2) *Gallia Christ.*, t. II, p. 816.
(3) Ord. Vit., l. III, p. 16.
(4) On voit encore aujourd'hui l'emplacement de ce château dans un lieu appelé la Baronnie.

leur démontre l'inconvenance du lieu qu'ils ont choisi. Il est éloigné des forêts, et des sources d'eaux vives indispensables aux établissements monastiques. Il leur indique le désert d'Ouche, et les y conduit... Là, il fait lire à son neveu Robert la vie de Saint-Evroul qui s'est sanctifié dans ce lieu même. Touchés de ces édifiants récits, tous applaudissent... Cette solitude leur plaît : mais comment l'obtenir ? Leur oncle n'ignore pas qu'il l'a donnée à sa communauté qui en a pris possession, en y envoyant plusieurs moines... Pour aplanir cette difficulté, ils vont trouver l'abbé du Bec, lui offrent en échange du terrain qu'ils convoitent, une villa appelée la Roussière (1). L'abbé Herluin accède à leurs vœux. Alors Lanfranc et ses frères, de rentrer à la maison mère, et la famille Giroie de disposer librement de ce lieu.

Un manuscrit in-folio, classé à la bibliothèque d'Alençon sous le numéro 106, énumère les dons faits au monastère de Saint-Evroul par Guillaume Giroie, garantis et assurés par des chartes confirmatives du pape Alexandre II, de Guillaume duc de Normandie, de Richard, roi d'Angleterre, de Henri Ier roi d'Angleterre, de l'évêque de Lisieux. Ces pieuses libéralités, qui donnent une idée de la fortune du bienfaiteur, consistaient dans l'abandon du patronage et des dîmes des églises de Bocquencé, de Saint-André d'Echaufour (et des quatre chapelles qui en dépendaient), des Essarts, de Heugon, de Monnai de Montreuil l'*Engelé*, de Noron, de Radon, de la Goulafrière, de la Poôté

(1) Arrond. de Bernai. Leur église a continué d'appartenir à l'abbaye du Bec jusqu'en 1789.

des Nids (1), du Sap André, de Réville, de Saint-
Aquilin, des Augèrons, de Saint-Germain d'Aulnay,
de Ternant, de Verneuces.

Une charte citée par Ménage, dans son histoire de
Sablé, dit qu'il donna à l'abbaye de Saint-Vincent du
Mans, la terre de Montreuil-en-Champagne, diocèse du
Mans, située sur la rive gauche du ruisseau de Paléis ;
consentirent à cette donation : Raoul, vicomte du Maine,
son épouse Cane, et son fils Geoffroy. Le *monasteriolum*, ou la cure desservie par des moines, resta à la
présentation de l'abbé de Saint-Vincent, ainsi que le
prieuré de Paleis, qui fut placé sous le patronage de
Saint-Laurent (2). Le cartulaire de Saint-Vincent du
Mans (3) attribue cette donation, comme nous le dirons bientôt, à Robert son frère. Giroie sortit de l'abbaye du Bec, avec la permission de ses supérieurs,
et vint se ranger à Saint-Evroul sous la conduite de
l'abbé Thierry, dont il vénérait la sainteté. Si des
moines orgueilleux contristaient le cœur de leur père

(1) En 1401 fut rendue une sentence des commissaires députés
par le souverain Pontife, d'après laquelle les religieux de St-Evroul
étaient maintenus dans leurs droits, au préjudice du comte de
Calvalca, chanoine de Tours. En 1247 fut rendu un arrêt en faveur des moines de St-Evroul, leur assurant le patronage de
l'église de la Poôté, au préjudice de l'évêque du Mans.

Le pape Jean XXII confirma en faveur de l'abbé de St-Evroul
le droit de visiter ladite église une fois par an, accompagné de
dix personnes de sa suite, au préjudice du curé de la paroisse.
(Même manuscrit.)

(2) Geroius factus monacus, donat sancto Vincentio terram de
monasteriolo super fluvium Paleis : concedentibus Radulpho viæ
comite, Canâ ejus uxore, et Geofrido Radulphi fratre. (*Hist. de
Sablé*, p. 16.)

(3) Art. 421.

en Dieu, aussitôt Giroie élevait la voix, et, par une
sage fermeté rappelait au devoir les' plus récalcitrants.
Comme nous l'avons dit, son fils Guillaume, s'était
établi dans la Pouille. Il informa les moines de Saint-
Evroul qu'il leur réservait des présents ; qu'ils n'a-
vaient, pour les obtenir, qu'à lui envoyer quelqu'un.
Son père, dans les intérêts de l'église du monastère
naissant, s'offre de faire le voyage. On accède à ses
vœux, non sans répugnance, car l'abbé Thierry trouvait en lui un soutien, un ami. La communauté tout
entière était touchée du dévouement de ce pieux vieillard, qui, pour elle, entreprenait un si laborieux
voyage. L'abbé Thierry, le prieur Robert de Grantemesnil, et tous les moines assemblés, recommandent
à Dieu cette entreprise, et associent à Giroie, Gonfroi, moine très-instruit, Robert de Jumiéges, écrivain
remarquable, et douze autres honorables compagnons
de voyage, attachés à son service. Il quitte donc cette
solitude qu'il ne reverra jamais, il traverse la France,
franchit les Alpes, et se rend à Rome. De la ville éternelle, il dirige ses pas vers la Pouille, où il est reçu
dans les bras de son fils Guillaume, de ses amis, de
ses parents.

Au comble de la joie, cette famille veut le retenir
pendant quelque temps ; mais cet illustre mendiant
n'oublie pas les besoins pressants de ses frères de Saint-
Evroul. Comblé de riches présents, il députe en avant
le moine Gonfroi qu'il charge de grandes sommes
d'argent, pour, au plus tôt, les rendre à leur destination. Ce bon religieux obéit, part ; mais l'hiver, faisant sentir ses rigueurs, il s'arrête à Rome, dans le
monastère de Saint-Paul. Des âmes vénales, ayant eu

connaissance de l'argent dont il était chargé, le firent mourir par le poison.

Cependant Guillaume Giroie songea à revenir à son cher monastère. Il était chargé aussi de riches dons.

Tombé dangereusement malade à Gaëte, il appela près de lui Anquetil, fils d'Ascelin, et Théodelin de Tannei, qui étaient deux nobles chevaliers. Il confia à Anquetil, sous les yeux de son ami, l'argent dont il était nanti, leur recommandant de le rendre à saint Evroul pour lequel il mourait exilé. Il leur rappela la mort de douze de leurs compagnons de voyage; qu'eux deux étaient les seuls que saint Evroul avait conservés par ses prières; sans doute, parce qu'il attendait de leur fidélité ce service de confiance, il termina en leur disant : « Faites mes adieux aux habi- « tants du monastère que j'aime en Notre-Seigneur « comme moi-même : suppliez-les, de ma part, de « ne pas m'oublier dans leur prières, auprès du Dieu « tout-puissant. » Il remit ensuite au chevalier Anquetil l'or, les ornements précieux, un calice d'argent et plu- sieurs autres objets de prix. Peu de temps après, le mal fit des progrès désespérants. Ce moine-héros mou- rut en confessant sa foi dans le mois de février 1057. Son corps fut honorablement inhumé à Gaëte, dans la cathédrale de saint Erasme, évêque et martyr (1).

A la nouvelle de cette mort, les religieux de Saint-Evroul furent accablés de tristesse. Ils prièrent pour le repos de l'âme de leur bienfaiteur, et continuèrent pendant longtemps à cet illustre défunt le même tri- but de reconnaissance.

(1) Orderic Vital, l. III, p. 58.

Le chevalier Anquetil voulut s'approprier les trésors que son maître lui avait confiés (1). Pour cacher son injustice, il allégua qu'il en avait dépensé une partie en frais de voyage, et que d'après l'avis que lui avait donné Maucouronne qu'il avait rencontré à Reims, il avait déposé l'autre partie dans cette ville. On députa aussitôt deux religieux vers Gervais du château du Loir, qui était alors archevêque de Reims, pour aviser aux moyens de recouvrer ce dépôt. Pendant que ce prélat était évêque du Mans, il visitait souvent le monastère de Saint-Evroul, où il était toujours, lui et sa famille, reçu très-honorablement. Il voulut répondre à d'anciens bienfaits, en accueillant avec bonté les envoyés et en les aidant dans leurs justes réclamations. Plusieurs difficultés les rendirent infructueuses. Anquetil retrouva à peine un calice d'argent, deux chasubles, une dent d'éléphant, une corne de gryphon (2) et quelques objets de vil prix. Convaincu d'indélicatesse, ce malheureux que l'appât de l'or avait aveuglé, fut sur le point de se voir dépouillé de ses biens, par un jugement de la cour de Saint-Evroul où s'étaient rendus Richard d'Avranches et plusieurs seigneurs.

Ayant reconnu ses torts, il obtint sa grâce des moines ; en dédommagement, il voulut leur donner le

(1) . . . . *Auri sacra fames!*
Maudite soif de l'or, que ne fais-tu pas faire !

(2) Le mot *cornu* se trouve fréquemment dans les anciens inventaires. Sans pouvoir rien préciser, nous croyons qu'ici il désigne un vase, une coquille, en forme de corne ou de cornet. (Voir le t. Ier, 4me série de la Bibliothèque de l'École des chartes, p. 32.)

tiers du bourg de Saint-Evroul qu'il avait reçu en héritage de sa famille. Il fit cette donation en déposant
sur l'autel une palle de soie dont on fit une chape (1).
Les bons religieux lui laissèrent son bien et n'accep-
tèrent que l'offrande qu'il leur avait faite, à la prière
de ses amis. Peu de temps après, Anquetil se retira
dans la Pouille, où il fut tué.

CHAPITRE TROISIÈME.

Foucher Giroie. — Robert Giroie, seigneur de Saint-Céneri, de
concert avec son oncle, son frère Guillaume, il rétablit le
monastère de Saint-Evroul. — Le monastère de Saint-Céneri
n'est pas rebâti. — En 1054 Henri Ier, roi de France, paraît
devant la forteresse de Saint-Céneri. — Siège de ce château
en 1060. — Mort de Robert Giroie : sa sépulture à Saint-Evroul.
— Son jeune fils envoyé dans la Pouille. — Guillaume de
Montreuil. — Exil de Grégoire VII dans la même contrée.

Foucher, à qui appartenait la moitié de Montreuil-
l'Argillé eut deux fils d'une concubine, savoir : Giroie et Foucher. Après la mort du duc Robert, il fut
tué avec le comte Gilbert son compère. Son frère Robert fut accusé de ce meurtre (2). Après les malheurs
de son frère Guillaume, Robert posséda le château de
Saint-Céneri, la contrée voisine, et La Motte-Ygé. Le
duc Guillaume lui donna en mariage Adélaïde, sa cousine, qui devint mère d'un fils qui fut nommé Robert,

(1) Ord. Vit., l. III, p. 60.
(2) Willelm Gemmel, l. VII, c. III

et qui combattit, dans la suite, en Angleterre, sous les étendards d'Henri Ier.

Vers ce temps, Robert donna au monastère de Saint-Vincent du Mans, la terre de Montreuil-en-Champagne, située sur le ruisseau de Paleis : et ce, pour le salut de son âme, pour celui de ses parents et de son frère Giroie.

Robert de Saint-Céneri, croyons-nous, fut chargé par son frère Guillaume Giroie de faire cette pieuse donation. Celui-ci, probablement en considération de sa foi et de sa cruelle infortune, fut admis moine de Saint-Vincent, par l'abbé Avesgaud, et les anciens du monastère, non pour habiter ce lieu, puisqu'il s'était retiré à l'abbaye du Bec, mais pour avoir part à leurs prières. C'était ce qu'on appelait alors, *monachus ad succurrendum* (1).

Robert contribua aussi au rétablissement du monastère de Saint-Evroul. En 1050, il lui donna *Saint-Séneric*, Saint-Pierre de la Poôté des Nids, tels qu'ils existaient alors, avec toutes les dîmes qui en dépendaient. Ni Oderic Vital, ni la charte confirmative de 1050 ne mentionnent l'église de Saint-Céneri, parce que, croyons-nous, elle n'était pas encore rebâtie ; Robert donna, en outre, la moitié du menu bois qui croissait à Saint-Céneri, le droit de pêche dans la Sarthe, seulement sur la terre, et avec l'agrément des moines délégués, dans ce lieu. Les dîmes du blé, des

(1) Robertus, filius Frogerii (pour Geroii), donavit sancto Vincentio, pro remedio animæ suæ, et animarum parentum suorum, et pro fratro Geroico, quem abbas Avesgandus, cum aliis senioribus loci, in monachum suscepit, terram de *Monsteriolo* quæ habetur super fluvium Paleis, etc.

vignes, du lin, du chanvre, des légumes, des moulins, du marché, des revenus présents et futurs de cette villa, ne furent concédés, d'une manière plus expresse, qu'en 1123, par le fils du donateur. Celui-ci ajouta encore, Sainte-Marie-du-Mont-Gandelain, la dîme de Siral (1).

Les bienfaiteurs du monastère naissant étaient tellement dévoués à leur œuvre réparatrice, qu'ils contractèrent entre eux l'engagement formel de ne jamais vendre ni aliéner quoi que ce fût, concernant les droits des églises qui leur appartenaient, sans avoir offert, au préalable, la préférence à Saint-Evroul (2). Ils soumirent leur pieuse entreprise à l'approbation du duc Guillaume, de l'archevêque de Rouen, des évêques, des abbés et des grands de la province, qui la sanctionnèrent de leur autorité par une charte signée à Lions, en 1050. Cette même année, Guillaume Giroie, son frère Robert de Saint-Céneri, et leurs neveux Hugue et Robert de Grantemesnil, demandèrent au duc et en obtinrent la permission de procurer un abbé à leur monastère. A ce autorisés, il se rendirent à l'abbaye de Jumiéges, où le pieux Robert, qui en était abbé, les accueillit avec bonté. Il leur donna le moine Thierry qu'ils conduisirent tout joyeux au duc qui l'investit de sa charge d'abbé, en lui donnant le bâton pastoral. Hugue, évêque de Lisieux, se chargea d'amener le vénérable Thierry à son nouveau poste, et lui conféra la consé-

(1) Sanctum Senericum, sanctum Petrum de potestate nidi. Orderic Vit., l. III, p. 38.
(2) Orderic Vit., l. III et Charte du 25 septembre 1050.

cration abbatiale, le dimanche 5 octobre 1050 (1),
sous le pape Léon.

Thierry amena à Saint-Evroul avec lui, son neveu
Raoul, le chantre Hugue et plusieurs moines qui
avaient obtenu la permission de le suivre de Jumiéges.
Ce monastère devint florissant : on y suivait la règle
de saint Benoît; mais, en 1056, la discorde vint troubler cet asile de la paix. En 1057, Thierry entouré de
difficultés sans cesse renaissantes ; contrarié dans ses
desseins, et à Séez où il ne pouvait terminer le monastère de Saint-Martin; et à Saint-Evroul, où des
moines turbulents l'abreuvaient d'amertune, il partit
pour la Terre Sainte, et mourut dans l'île de Chypre, en
1058. En 1059, Robert Grantermesnil, prieur de Saint-
Evroul, lui succéda en la charge d'abbé. La guerre,
les malheurs de sa famille le forcèrent bientôt à quitter
son monastère.

Alors les seigneurs aimaient à entretenir sur leurs
terres, de pieux solitaires, qui répondaient aux bienfaits de leur protecteurs par le bienfait de la prière.
Nous trouvons à Saint-Céneri, au temps des Giroie,
quelques moines qui vivaient retirés à l'ombre protectrice du donjon féodal. Lorsque Robert de Saint-
Céneri, en 1050, concéda à l'abbaye naissante de
Saint-Evroul, le droit de pêche dans la rivière de
la Sarthe, à Saint-Céneri, il fit la réserve expresse
qu'elle n'en userait que selon le bon vouloir des moines qui habitaient ce lieu (2).

_____

(1) Orderic Vit., t. I, p. 184. — Note de M. Leprevost. — Guil.
de Jum., l. VII.
(2) Orderic Vit., l. III.

Ce qui ne veut pas dire que le monastère fut alors rétabli. Ces moines de Saint-Céneri, au temps des Giroie, n'habitaient qu'un simple manoir (1). Dans l'histoire de la famille des Giroie, rien n'indique qu'elle ait même songé à relever les murs du monastère dévasté de Saint-Céneri. S'il eût été rétabli, et canoniquement institué, selon l'usage du temps, comprendrait-on la donation du patronage de cette église, et même la donation en 1123, du manoir des moines de Saint-Céneri, à une communauté étrangère (2)?

Il est vrai, à cette époque éloignée, les églises des paroisses naissantes portaient fréquemment le nom de monastère, ce qui signifiait simplement qu'elles étaient desservies par des moines.

Mais revenons à Robert Giroie.

En l'année 1054, Henri Ier, roi de France, attaqua la Normandie à la tête de deux armées nombreuses. Le comte d'Anjou se réunit à lui, et pénétra dans le pays par Saint-Céneri, malgré les efforts de Montgommery qui s'opposa en vain à leur passage. Leur expédition eut une triste fin. Henri mourut peu de temps après. Le comte Geoffroy Martel retourna dans son pays avec les débris de son armée. On ne dit point quel rôle le Seigneur de Saint-Céneri joua dans cette entreprise.

Mais en 1060, il tourne ses armes contre le duc de Normandie; appelle à son secours les troupes du comte d'Anjou, et fortifie ses châteaux de Saint-Cé-

(1) Charte de 1123.
(2) Idem.

neri et de la Motte-Ygé. Le duc va mettre le siège de-
devant Saint-Céneri, à la fin d'octobre de la même
année (1), Giroie se défendit vaillamment. Le siége de
la place se prolongea pendant l'hiver. Un jour, pour
se délasser des fatigues de la guerre, Robert Giroie se
chauffait au foyer domestique, dans la société d'Adelaïde son épouse. Celle-ci tenait 4 pommes entre ses
mains, Giroie, en folâtrant, lui en prit deux qui étaient
empoisonnées, les mangea malgré les efforts que son
épouse sembla faire pour l'en détourner.

Ici on ne peut se défendre d'un sentiment pénible,
lorsqu'on se rappelle qu'Adelaïde était la cousine de
l'assiégeant. D'où venaient ces pommes empoisonnées?
Le poison fut si violent, que le défenseur courageux
de Saint-Céneri mourut cinq jours après, le 6 février
1064, au milieu des larmes des siens. Arnaud d'Echaufour, son neveu, se chargea du commandement et de
le défense de la place. Exhortations, prières, menaces,
rien ne fut négligé pour entretenir l'ardeur des assiégés.

Le duc trouva moyen de communiquer avec la place
et d'adoucir la mâle intrépidité de son défenseur, à qui
il fit les plus brillantes promesses. Les amis d'Arnaud
l'engagèrent à accepter les propositions de Guillaume.
Il se rendit à leurs avis, capitula et prêta serment de
fidélité au duc qui lui remit les terres de Montreuil-
l'Argillé, d'Echaufour et de Saint-Céneri. On se demande de quel droit Arnaud d'Echaufour acceptait
la propriété d'un orphelin abandonné et sans défense?

___

(1) Cette année 1060, saint Anselme, âgé de 27 ans, se faisait
moine dans l'abbaye du Bec.

Robert de Grantemesnil, alors abbé de Saint-Evroul, demanda au duc la permission de faire transporter dans son monastère, le corps de son oncle qui, depuis trois semaines, gisait sans sépulture sur le rocher de Saint-Céneri. Après quelques hésitations, Guillaume accorda la permission demandée. L'abbé Robert, sans perdre de temps, se fit apporter le corps du défunt dans un tronc d'arbre, et l'enterra honorablement dans le cloître de son monastère. On fut étonné pendant la sépulture de ce que le corps du défunt n'exhalait aucune odeur cadavéreuse, ce qui fut attribué à la violence du poison dont le défunt avait été victime. Robert Giroie laissait un fils en bas âge : cet enfant fut envoyé dans la Pouille, où il avait des parents riches et puissants. Là, pendant vingt-huit ans, il vécut au milieu des événements qui illustrèrent, à cette époque, les armes de Robert Guischard, et la bravoure des Normands. Son oncle Guillaume de Montreuil était entouré, dans ces contrées lointaines, d'une considération qui lui mérita le surnom glorieux de *bon Normand*. Porte-étendard de Saint-Pierre, il sut, par son habileté et son courage, rattacher à l'obéissance du Saint-Siége, les populations de la Campanie, qui en avaient secoué le joug (1).

Les Papes n'oublièrent pas les services que les Giroie rendirent à la cause de la religion. Alexandre II, Grégoire VII, Victor III protégèrent, à Sainte-Eufémie, à Venose, à Mélito, les pieux établissements de Robert de Grantemesnil, ancien abbé de Saint-Evroul. En 1084, le saint et intrépide Grégoire VII, victime de la

(1) Ord. Vital, l. III, p. 86 et 87.

persécution et des malheurs qui venaient de fondre sur la ville de Rome, tourna ses pensées et ses pas vers la Pouille, où les familles normandes lui accordèrent l'hospitalité la plus empressée et les honneurs dus à sa dignité suprême (1). Il mourut l'année suivante à Salerne, le 25 mai.

La mémoire de cet illustre pontife fut bénie à Saint-Evroul. Du temps d'Orderic Vital, on aimait à y célébrer ses louanges, à raconter les miracles qui s'étaient opérés à son tombeau (2).

Elevé à l'ombre tutélaire de la protection de sa famille, dont il put apprécier la piété et la valeur, témoin des grandes infortunes d'un Pontife exilé, Robert de Saint-Céneri apprit à supporter courageusement les siennes.

De retour sur les rochers escarpés de Saint-Céneri, comme nous le dirons bientôt, il se montra fidèle aux principes qu'il avait puisés sur la terre étrangère.

CHAPITRE QUATRIÈME.

Raoul Maucouronne, ses voyages, sa science; il se fait moine à Marmoutiers. — Il vient à Saint-Evroul. — Sa mort à Marmoutiers, en 1063. — Hugue Giroie; sa mort prématurée. — Giroie, il meurt aussi à la fleur de l'âge.

Le cinquième fils de Guillaume Giroie fut surnommé Maucouronne, parce que, dans son enfance, après avoir étudié les saintes lettres, il avait jeté le froc

(1) Id., l. VII, p. 165. — Orderic Vital arriva à St-Evroul en 1085.

(2) Ord. V., l. VIII, p. 305.

monacal, pour embrasser la carrière des armes. Il parcourut la France, l'Italie, et se rendit habile dans les sciences physiques, dans la grammaire, la dialectique, l'astronomie, la musique. A l'école de Salerne, personne ne marcha son égal dans l'art de guérir, sinon une dame remarquable par sa sagesse. Sous la cuirasse, Maucouronne fut brave et de bon conseil. Lassé du monde dont il présageait la fin prochaine, il lui dit un adieu éternel, et en 1056, se retira à Marmoutiers, où il embrassa la vie monastique. Avec la permission de l'abbé Albert, il en sortit pour venir à Saint-Evroul, alléger, par sa présence, le fardeau imposé à son neveu Robert, à qui on avait confié les rênes du monastère. Pour l'expiation de ses fautes, Maucouronne demanda à Dieu et en obtint l'épouvantable faveur d'être affligé de la lèpre (1). Son neveu lui donna pour vivre ségrégé de la communauté, la chapelle de Saint-Evroul, où il se retira avec le moine Goscelin, servant Dieu, et se consolant de ses maux.

Sa piété et sa sagesse, sa noble extraction, ses connaissances en imposaient aux populations du voisinage, qui venaient en foule le consulter. Les habitants de Montreuil conservèrent longtemps le souvenir de ses cures merveilleuses. Avant d'embrasser la vie religieuse, Maucouronne, en 1050, signa une charte en faveur de la restauration du monastère de Saint-Evroul.

(1) A St-Evroul, on entretenait des lépreux. On y montre encore leur fontaine. Sous l'abbé Osberne et sous son successeur, sept de ces infortunés étaient entourés aux frais de la communauté de tous les soins de la charité.

L'abbé Robert, par suite des dissensions survenues entre le duc Guillaume et sa famille, fut forcé, comme nous l'avons dit, d'abandonner ses religieux. Maucouronne, affligé de voir des étrangers disposer des bienfaits de ses parents, quitta la chapelle de Saint-Evroul, pour retourner à Marmoutiers, où précédemment il avait fait sa profession religieuse. Peu de temps après, il y mourut le 14 des calendes de février 1063, sept ans après sa profession religieuse. (ORD. V., liv. III, p. 70.)

Hugue, le sixième fils de Giroie, mourut à la fleur de l'âge. Un jour, s'en revenant du château de Sainte-Scolasse, accompagné de ses frères et de nombreux amis, il s'exerçait au combat de la lance, près l'Eglise de Saint-Germain, sur le territoire d'Echaufour. Son écuyer, d'un trait lancé sans précaution, le blessa. Le jeune Giroie, doux de caractère, l'appela : *Sauve-toi,* lui dit-il en particulier, *de peur que mes frères irrités ne vengent ma mort dans ton sang : je suis blessé mortellement. Prends la fuite et que Dieu te pardonne!* Ce jeune homme succomba le jour même. Peu de temps après, Giroie, le plus jeune de tous les fils de Giroie, venait un jour chasser sur les terres de l'église de Lisieux, lorsque tout à coup il fut saisi d'un accès de folie dont il mourut aussi à la fleur de la jeunesse.

De cette brillante famille, il ne restait donc qu'un rejeton qu'on avait dépouillé de sa fortune, et qui errait exilé sur la terre étrangère.

CHAPITRE CINQUIÈME.

Guy Bollein, arrière-petit-fils du vieux Giroie. — Fondation de l'église de Saint-Célerin-le-Géré (Sarthe). — Arnaud d'Échaufour dépouillé de ses biens; son exil; ses représailles; son voyage dans la Pouille; son retour; il meurt empoisonné. — Saint Céneri passe dans la famille de Roger de Montgommery.

Vers le même temps et pendant que les événements dont nous venons de parler se passaient à Saint-Céneri, Guy Bollein, arrière-petit-fils du vieux Giroie, vivait honorablement dans le Corbonais. De son légitime mariage avec Hodierne, il eut quatre fils, savoir : Normand et Gaultier, qui embrassèrent la profession des armes; Geoffroy et Guillaume, qui se livrèrent à l'étude des saintes lettres et suivirent la carrière ecclésiastique. Guy, leur père, affectionnait singulièrement le monastère de Saint-Evroul, dont Robert, son parent, était abbé. Le jour de la Toussaint, il lui confia son fils Guillaume, alors âgé de neuf ans. Cet enfant offert à Dieu devint un religieux si fervent et si instruit, qu'il mérita d'être honoré par ses supérieurs du surnom de *Grégoire*.

Nous lisons dans l'histoire de l'église du Mans, par dom Piolin (1), « qu'en 1060, Hugue Braitel (2) et « Emma, sa femme, qui appartenaient vraisemblable-

____

(1) IIIe volume, p. 248.

(2) Il faut lire Brestel. Dans la paroisse de Rouessé-Fontaine existe encore le château de Brestel qui autrefois appartint aux vicomtes de Beaumont.

« ment à la famille Giroie, donnèrent à l'abbaye de
« Marmoutiers, l'église de la Sainte-Trinité, qu'ils
« avaient commencé à bâtir, et celle de *Saint-Célerin*,
« situées l'une et l'autre sur le territoire de Saint-Cé-
« lerin-le-Géré, près Montfort-le-Rotrou. Hugue
« Braitel fonda aussi le prieuré qui fut habité par
« trois religieux, c'est-à-dire par un prieur et par
« deux moines associés (1). »

En 1090, Guillaume Brestel entreprit de vexer les
moines de Saint-Célerin: il fut arrêté dans ses injustes
prétentions, par une excommunication de Hoël, évêque du Mans (2),

Guillaume Brestel, fils de Geoffroy, vicomte de
Beaumont, en 1076, donna aux moines de Saint-Vincent du Mans, l'église de Saint-Martin de Dangeul.
Cette donation fut consentie par Raoûl, fils de Rotrou,
par son épouse Godehilde, par ses deux frères Hugue
et Geoffroy, par Giroie, son fils (3).

Sous l'épiscopat d'Hildebert, le vicomte Raoûl et
Guillaume Brestel, *Guillelmum de Braitello*, furent
chargés par le pieux Adam, qui était alors chanoine
du Saint-Sépulcre, d'apporter à l'église du Mans une
croix dans laquelle étaient enchâssées deux autres
plus petites, mais formées du bois de la vraie croix.

---

(1) Prioratus sanctissimæ Trinitatis de sancto Senerico, duos
habet socios.

Nous devons ces renseignements à l'obligeance de M. le curé
de Saint-Célerin.

(2) Dom Piolin, III° v., p. 248.

(3) Guillelmus Braitellenus, filius, Gaufredi vicecomitis. Dom
Martène, t. V, p. 562. — Hugues, frère de Guillaume Brestel, ne
fut-il point le fondateur de l'église de St-Célerin près Montfort ?

A la droite, était enchâssée une pierre du jardin des Oliviers; à gauche, une pierre du Calvaire; au-dessous, une pierre des rochers brisés et ensanglantés à la la mort du Sauveur, et une pierre de son tombeau, etc. (1). C'était vers l'année 1101. Dom Morice, *Histoire de Bretagne*, tome I, p. 84, dit que le retour des croisés s'opérait alors.

De nos jours, dans l'église de Saint-Célerin, comme dans la chapelle de Saint-Céneri-le-Géré, on trouve la statue de ce saint abbé dans le costume de cardinal; et celle de saint Mammès, si souvent confondu avec saint Mamert, évêque de Vienne. Les deux paroisses de Saint-Célerin et de Saint-Céneri ont ajouté à leur nom celui de *Géré*. Cette homonymie, cette identité de statues, d'ornements dans deux sanctuaires que vingt lieues séparent, ne révèlent-ils pas suffisamment la même pensée et la même famille de fondateurs. La cure de Saint-Célerin resta à la présentation de l'abbé de Marmoutiers, jusqu'en 1792 (2).

Nous avons vu précédemment le duc Guillaume rendre à Arnaud d'Echaufour ses terres de Montreuil, d'Echaufour et même Saint-Céneri. Cette faveur, qui n'était que l'exécution d'une promesse, fit battre de joie le cœur des moines de Saint-Evroul. Depuis plusieurs années, Baudry et Viger de Bocquencé, non-seulement leur refusaient l'obéissance, mais encore les accablaient de mille vexations. Robert de Grantemesnil, devenu abbé du monastère, ne put supporter leurs injustices et leurs outrages. De l'avis de ses

(1) *Vet. analecta*, p. 290.
(2) *Chronique*, mss de St-Célerin.

frères, il livra les rebelles qui avaient abusé de sa longanimité, à Arnaud, son parent, pour réprimer militairement leur audace. Arnaud leur imposa, entre autres charges, le service de ses places d'Echaufour et de Saint-Céneri. Les coupables reconnurent leurs torts, promirent l'obéissance aux moines, qui s'empressèrent de demander et d'obtenir leur grâce.

Cette prospérité du seigneur de Saint-Céneri fut de courte durée : comme la nuée qui porte dans son sein la tempête, la Normandie était alors travaillée par des dissensions intestines. La noire jalousie, l'ambition tenaient les factions armées et se faisaient une guerre à outrance. Roger de Montgommery et Mabile, son épouse, par de perfides adulations, parvinrent à s'emparer de la confiance du duc ; lui dépeignirent les Giroie comme des ennemis dangereux. Guillaume tombe dans le piége tendu à sa crédulité : outré de dépit, il déshérite Raoûl de Toëni, Hugue de Grantemesnil, Arnaud d'Echaufour, et les force, eux et leurs barons, à prendre le chemin de l'exil.

Robert, abbé de Saint-Evroul, est aussi accusé d'avoir méprisé le duc et son autorité. Il comprend l'orage qui le menace : pour l'éviter, et de l'avis de l'évêque de Lisieux, il quitte son monastère le 2 janvier 1061, se rend à Rome, près du Pape, pour en obtenir justice. Cependant, Arnaud d'Echaufour, ne respirant que la vengeance, se retira à Courville, chez Giroie, seigneur du lieu et son parent. De là, avec le secours des hommes qu'il put recruter dans les contrées de Dreux, du Corbonnais et de Mortagne, et pendant trois ans il promène dans le Lieuvin le pillage, le meurtre et l'incendie. Pendant une nuit, lui,

quatrième, entre dans la forteresse d'Echaufour, défendue par soixante soldats du duc : aux cris d'alarmes
des assiégeants, les défenseurs de la place s'imaginant
avoir sur les bras une armée nombreuse, prennent la
fuite. Le vainqueur met le feu au château et au bourg
de Saint-Evroul : l'épée à la main, il cherche dans les
lieux les plus retirés de l'église, l'abbé Osberne, qu'il
y croit caché, pour lui donner la mort. Quelques jours
après cette terrible expédition, le cellerier, nommé Her-
man, va trouver ce guerrier en courroux ; lui reproche
avec bonté l'aveugle ardeur qui l'entraîne à détruire un
monastère que son père a bâti pour le salut de son
âme. A ce langage le cœur d'Arnaud s'attendrit ; ce
lion tout à coup est changé en agneau ; il verse des
larmes et promet une prompte réparation. Il tint parole : bientôt il revient au monastère, dépose sur l'autel le gage de son repentir, obtient de ses crimes l'ab-
solution, d'Osberne, à qui il promet paix et sécurité.

Alors le duc Guillaume avait à combattre les Bretons et les Cénomans. Il songea qu'au moment de
porter ses armes dans des contrées éloignées, il ne
devait pas laisser en feu ses propres Etats. De l'avis
des anciens de son conseil, il s'efforça d'apaiser les
troubles intérieurs et de rappeler de l'exil les seigneurs disgraciés. A la prière de Simon de Montfort-
Amaury, et de Galeron de Breteuil en Beauvoisis, il
rappela Raoul de Toëni, Hugues de Grantemesnil, et
leur rendit l'héritage de leurs pères. Pour Arnaud
d'Echaufour, il se borna à lui accorder une trève de
trois ans, pendant laquelle ce seigneur se rendit dans
la Pouille, auprès de ses parents, qui y possédaient
d'immenses richesses. Il n'y séjourna que peu de

temps, s'en revint chargé de grandes sommes d'argent
et d'une palle très-précieuse (1), dont il fit hommage
au duc, en lui faisant humblement la réclamation de ses
biens. Guillaume, en considération de la noblesse
d'Arnaud, et se souvenant, d'ailleurs, du peu de
troupes qu'il avait à opposer à des ennemis puissants,
se montra plein d'indulgence, lui fit la promesse de
lui rendre sous peu son patrimoine, et lui permit
d'aller et venir sur ses terres. Arnaud fut charmé
d'une promesse dont, hélas! il ne devait point voir la
réalisation. Mabile, la digne mère du cruel Talvas,

(1) Pallam pretiosissimam præsentavit. Ce n'était ni un corpo-
ral, *palla corporalis*, ni une palle de lin blanc destinée à couvrir le calice pendant le saint Sacrifice, comme il est d'usage seulement depuis le xiiie siècle: c'était moins encore un manteau,
mais une étoffe précieuse, richement brodée, dont on se servait
pour couvrir les autels. (Voir le cardinal Bona, Ier vol., p. 620.) —
Grégoire de Tours, *Hist. Francorum*, liv. V, les appelle *Pallia
holoserica*. Ord. Vital les appelle aussi *pallas olosericas*.

Aux jours de fête, quelques-unes de ces broderies ornaient
la face antérieure de l'autel, et étaient appelées *frontalia*. D'autres se plaçaient au-dessus de l'autel, derrière les chandeliers;
on les nommait *dorsalia*. Anastase leur donne à tous le nom
générique de *vestes altaris*: de là l'expression usitée dans les
campagnes, *habiller un autel*, pour dire orner un autel.

Ces broderies siciliennes si souvent apportées dans le Maine
et la Normandie, à la fin du xie siècle, durent exercer quelque
influence sur l'art de broder la soie, dans ces contrées. Aussi,
au commencement du xiie siècle, Hugues de Saint-Calais, évêque du Mans, en donnant à une abbaye 11 *serica dorsalia* qui
étaient ornés de rosaces, de fleurs, de figures, disait-il qu'ils
ne le cédaient en rien aux broderies byzantines. En 1077, Guillaume Pantouf fit don à l'abbaye de Saint-Evroul, de quatre magnifiques étoffes de soie, brochées d'or, qu'il avait apportées de
la Pouille. (Ord. Vital, liv. V.)

donna ordre de l'empoisonner. Arnaud, averti par un de ses amis, évita le piége qu'on lui tendait. En arrivant à Echaufour, les hommes de Mabile l'invitèrent à un repas. Arnaud les remercia, et ne voulut ni boire ni manger; mais Gilbert, frère de Roger de Montgommery, qui accompagnait Giroie, et qui ignorait le danger, sans même descendre de cheval, prit la coupe qu'on lui présenta, but le vin empoisonné qu'elle contenait, mourut trois jours après à Remalard. Ainsi cette femme perfide, en voulant délivrer son mari d'un adversaire redoutable, donna la mort à son propre beau-frère, dont la jeunesse et les qualités donnaient les plus belles espérances.

Néanmoins, comme si Arnaud eût eu le pressentiment d'une fin prochaine, il confia au monastère de Saint-Evroul l'éducation de son fils Renaud, âgé de cinq ans (1). Cet enfant s'y fit remarquer par sa régularité et devint un fervent religieux. L'abbé Osberne le nomma Benoist, à cause de son extrême douceur.

Mabile, furieuse d'avoir échoué dans sa première tentative, résolut d'en venir à ses fins. Elle parvint, à

(1) Dans un mss. de l'abbaye de Saint-Martin de Séez, classé, à la bibliothèque d'Alençon, sous le numéro 5, on trouve la manière dont les enfants nobles étaient offerts à Dieu dans ce monastère. La voici : lorsque l'enfant était mineur, les parents étaient tenus de demander à l'abbé son admission dans la communauté. Sur une réponse favorable et au jour assigné, les parents conduisaient l'enfant à l'église du monastère. On enveloppait la pétition écrite, la main de l'enfant, et l'offrande d'usage dans la palle ou nappe de l'autel. C'était toute la cérémonie. Le même usage était observé à St-Evroul, au temps d'Arnaud d'Echaufour, probablement ; car ainsi le voulait la règle de saint Benoît, chap. LIX.

force de promesses, à gagner Roger Goulafre, valet de chambre d'Arnaud, et lui remit des breuvages empoisonnés qu'elle avait préparés. Ce serviteur indigne les fait prendre à son maître, à Giroie de Courville et à Guillaume Gouet de Montmirail. Ainsi, d'un seul coup, cette furie veut tuer à Courville trois illustres chevaliers. Guillaume Gouet et Giroie trouvèrent chez eux les soins et les remèdes qui leur rendirent la santé; mais l'infortuné Arnaud, sans asile, sans traitement convenable, sentit ses douleurs augmenter, et mourut aux calendes de janvier 1064 : la veille de sa mort, se trouvant seul dans son appartement, étendu sur son lit de douleur, il vit, non en songe, mais en réalité, dit Orderic Vital, un vieillard tout éclatant de beauté, qui lui dit: *Mon frère, ne vous occupez pas de la santé de votre corps; sûrement vous mourrez demain; mais songez à préparer votre âme à paraître au tribunal du juste juge.* Après ces mots le vieillard disparut. Le malade, qui crut reconnaître saint Nicolas dans cette apparition, fit venir aussitôt à son secours des religieux de Saint-Evroul. Fouque de Guernanville est député vers lui à Courville. A sa vue le moribond est ravi de joie; il lui raconte la vision de la veille, se fait moine avec les sentiments de la dévotion la plus tendre, et, plein de componction et d'espérance, il rend son âme à Dieu le même jour (1). Son corps fut porté à Saint-Evroul et enterré avec pompe dans le cloître

---

(1) Il n'était pas rare de voir des personnes de l'un et de l'autre sexe prendre l'habit monastique dans leurs derniers moments, afin de pouvoir être secourues par les prières des religieux : comme nous l'avons dit, c'étaient *monachi ad succurrendum.* (Hélyot, t. IV, p. 184.)

du monastère, par Osberne et ses religieux assemblés.

Emma, veuve du défunt, et ses enfants qui, dans les privations et la misère, erraient çà et là, depuis plusieurs années, se séparèrent. Emma se retira dans le Cotentin, chez son frère Eudon, y vécut honorablement, et finit par prendre le voile dans le monastère de Lessai.

Guillaume, son fils aîné, se rendit à la cour de Philippe, roi de France, où il fut armé chevalier. De là il se rendit dans la Pouille, où il s'illustra dans la suite. Pétronille et Gève, ses deux filles, se firent religieuses; l'une dans le monastère de Sainte-Marie, à Angers (1), et l'autre dans le monastère de la Sainte-Trinité, à Caen.

La maison de Bellême triomphait; débarrassée d'une famille dont la puissance lui portait ombrage, elle recueillit le fruit de ses crimes. Le château de Saint-Céneri passa en ses mains, ainsi que les terres d'Echaufour et de Montreuil. Elle en jouit pendant plus de vingt-cinq ans.

(1) Le père Hélyot, t. IV, p. 304, dit qu'on ne recevait dans cette abbaye que les demoiselles nobles, tant du côté paternel que maternel.

CHAPITRE SIXIÉME.

Le duc Robert déclare la guerre au comte de Bellême. — Siége
du château de Saint-Céneri. — Défense héroïque de Robert
Quarrel. — Saint-Céneri est rendu au jeune Robert Giroie. —
Siége de Bréval. — Guerre de Robert Giroie et de Robert de
Bellême. — Prise du château de Saint-Céneri. — Église de
Saint-Céneri. — On en retire le bras du saint Abbé. — Mort
de Radegonde, épouse de Robert Giroie. — Le château de
Montaigu est rebâti et démoli. — Saint-Céneri rendu encore à
Robert Giroie. — Ce seigneur se remarie. — Il prend parti
pour le duc Robert. — Le roi d'Angleterre veut l'en châtier.
— Il obtient la paix. — Sa mort en 1123.

En 1087, Guillaume le Conquérant laissa en mourant le duché de Normandie à son fils aîné Robert de
Courteheuse, et le royaume d'Angleterre à son fils,
Guillaume le Roux. Bientôt la division éclata entre
les deux héritiers (1).

Eudes, évêque de Bayeux, oncle du duc, lui con-
seilla de porter la guerre d'abord dans le Maine, et
ensuite de tourner ses armes contre la maison de Bellême, qu'il fallait humilier. « Considérez, lui dit-il, les
« belles forteresses qui s'élèvent majestueusement
« dans ce pays. Jetez un regard seulement sur les
« plus imposantes : Bellême, Lurson, Essay, Alençon,
« Domfront, Saint-Céneri, Mamers, Viguats, la Ro-
« che-Mabile (2).

(1) Dumoulin, p. 238.
(2) Orderic Vital, l. VIII, p. 294,

Aussitôt le duc assemble une armée, marche vers Le Mans, s'en empare. Viennent se ranger sous sa bannière Geoffroy de Mayenne, Robert de Nevers, surnommé le Bourguignon et seigneur de Sablé; Hélie, fils de Johan de La Flèche, et plusieurs preux chevaliers. Ils rencontrent une vigoureuse résistance dans le château de Ballon, défendu par Payen de Mondoubleau. Cette place enfin capitule, non pas sans avoir éprouvé et fait éprouver des pertes sensibles aux assiégeants. De là le duc, toujours accompagné de l'évêque de Bayeux, et suivi des seigneurs manceaux, vient assiéger le château de Saint-Céneri (1).

Robert Quarrel, seigneur de Condé, près d'Alençon, et qui a adjoint son nom à Lignières, à Villaines (2), commandait la place. La famille de Bellême avait tant de confiance dans la valeur et l'intelligence de ce guerrier, qu'elle n'avait pas hésité de venir faire sa demeure à Saint-Céneri. Encouragé par les exhortations du comte Roger, Quarrel repoussa vigoureusement les attaques de l'armée assaillante, que le duc commandait en personne. Enfin la disette se fit sentir..... Privée de vivres et de secours, la garnison se vit forcée de se rendre. Le duc irrité, loin d'honorer le courage malheureux, fit crever les yeux à l'intrépide Quarrel et fit condamner, par sentence de sa cour ducale, ses compagnons d'infortune à être honteusement mutilés! Leur crime, à tous, était d'avoir

---

(1) Ord. Vital, l. VIII, p. 297. — Osmond de Gaspréc fut tué au siége de Ballon.

(2) Paroisses du diocèse du Mans, et peu distantes d'Alençon.

tenu trop longtemps en échec une nombreuse armée. C'était en l'année 1088.

Craignant de succomber à la souffrance, l'infortuné Quarrel fit prier l'abbé de Saint-Martin de Séez de lui envoyer quelqu'un de ses religieux pour le consoler dans son malheur. On accéda à ses vœux. Le moine dom Geofroid, sous-censeur du monastère, fut député vers lui, et l'exhorta à penser au salut de son âme..... Le malade demanda humblement et obtint la faveur d'avoir part aux prières de l'abbaye. En reconnaissance, il l'aumôna de tout ce qu'il possédait dans la *sépulture* ou cimetière de l'église de Condé, et, en outre, lui concéda tout ce qui lui reviendrait en propre, au moment de sa mort..... Rétabli de ses blessures, il se rendit lui-même à Séez et ratifia, en plein chapitre, les donations qu'il avait faites pendant sa maladie; mais à la condition expresse que les moines lui accorderaient le bienfait de la sépulture.

Geoffroy de Mayenne et plusieurs seigneurs manceaux, qui avaient pris part à cette expédition, présentèrent au vainqueur, Robert Giroie, fils de Robert Giroie, mort empoisonné.

« Seigneur duc, lui dirent-ils, voici un de vos pa-
« rents (1), qui a été forcé d'errer loin de sa patrie.....
« Ses parents lui ont donné un asile dans la Pouille.
« Dans ce moment, il vient à vous avec confiance,
« comme à son seigneur, vous faire ses offres de ser-
« vices, tout en réclamant cette forteresse qui lui re-
« vient de droit de la succession de son père, qui l'a
« possédée, qui y est mort..... »

(1) Adelaide, mère du jeune Robert Giroie, était cousine du duc Guillaume.

Le duc accueillit favorablement cette supplique, remit le château de Saint-Céneri à Robert Giroie, qui le posséda pendant trente-six ans. Il le fortifia de nouvelles murailles, de fossés profonds, de terrasses, et le laissa en mourant à Guillaume et Robert, ses fils (1).

Les places d'Alençon, de Bellême et plusieurs autres, à la nouvelle des traitements affreux infligés aux défenseurs de Saint-Céneri, furent saisies de terreur. Déjà elles se disposaient à faire leur soumission, lorsque le duc Robert cessa le cours de ses conquêtes; et congédia son armée (2). Le comte Roger s'en réjouit intérieurement. Il envoya au duc des députés qui lui firent de belles promesses; ils en obtinrent la paix et la délivrance de Robert, fils de leur maître. Le comte, cet *inexorable bourreau de ses semblables*, dit Orderic Vital, n'en devint que plus insolent. Il fit peser un joug de fer sur tous ceux qui résistèrent à son insatiable ambition (3). Ainsi, traita-t-il Hugue de Nonant, Painel, Robert de Saint-Céneri, Bernard de La Ferté, et plusieurs autres.

Pendant le carême de 1094, le roi de France et le duc de Normandie assiégèrent Breval. Pendant deux mois, ils se consumèrent en efforts impuissants, au pied des murs de cette place, que défendait Goël d'Ivri. Pendant ce siége, on vit des curés avec leurs paroissiens, bannière en tête; des abbés avec leurs religieux forcés de venir grossir l'armée des assiégeants. On eût

(1) Ord. Vital, l. VIII, p. 298.
(2)   id.   p. 299.
(3)   id.   p. 301.

dit une levée en masse organisée. Robert de Bellême
fit rendre la place au moyen des machines de guerre
qu'un de ses hommes avait inventées; et qui, en lan-
çant d'énormes pierres sur les maisons de la ville, les
faisaient s'écrouler sur les habitants (1).

La paix s'étant faite entre les parties belligérantes,
Robert fut irrité de ce qu'on ne l'avait pas appelé à
émettre son avis. Il cache son dépit. Il se met à la
tête de son armée, et tombe à l'improviste sur Robert
Giroie, qui, à Saint-Céneri, était loin de s'attendre à
une pareille visite. La garnison, en toute sécurité,
s'était dispersée dans la campagne. Giroie prévint
comme par inspiration la ruse de son ennemi, en faisant rentrer précipitamment son monde dans la forteresse avant qu'elle fût investie. Bellême n'osa pas en
faire le siége. Il tourna sa fureur contre les contrées
environnantes qu'il pilla : ce qui fut l'occasion d'af-
freuses représailles de la part de Giroie, de Geoffroy
de Mayenne, de Guillaume de Sillé et de plusieurs
seigneurs alliés, qui, pendant trois mois, dévastèrent
l'Alençonnais (2).

Au commencement du mois de juillet 1094, Robert
Giroie, avec la famille de Henri, roi d'Angleterre, et
plusieurs de ses amis, entreprirent une expédition
dont le succès fut des plus heureux. Giroie, en re-
conduisant ses auxiliaires chez eux, ne s'aperçoit pas
qu'il s'éloigne trop de sa forteresse. Le bruit se ré-
pand qu'il a été tué. Bientôt cette triste nouvelle a
pénétré dans la place de Saint-Céneri. La garnison ne

(1) Ord. V., l. VIII, p. 415.
(2)   id.   p. 418.

songe plus à se défendre. Payen de Mondoubleau et
Rotrou de Montfort prennent lâchement la fuite, pour
favoriser les desseins de l'ennemi. Radegonde, épouse
de Giroie, plus courageuse et plus sensée, veut, qu'au
préalable, on s'assure du fait. Ses remontrances sont
méprisées. Les cris des fuyards sont compris par Bellême...... Il arrive ! entre dans la place sans coup fé-
rir ; l'abandonne au pillage, y met le feu ensuite, et
ce qui n'a pas été la proie du soldat devient la proie
des flammes. A leur entrée dans la place, les soldats
de Robert de Bellême trouvent, sur de grands feux,
des chaudières pleines de viandes, des tables cou-
vertes de nappes et abondamment chargées de pain
et de mets confortables. Des moines de Séez, enlèvent
de l'Eglise un bras de Saint-Céneri et l'emportent
respectueusement dans le monastère de Saint-Martin (1). Cependant Giroie s'en revenait joyeux, lorsqu'il apprit le malheur qui l'avait frappé. Dépouillé
de ses biens, il se vit contraint de chercher tristement
un asile chez ses amis. La même année, mourut Radegonde. Son fils, Guillaume, encore enfant, la suivit de
près au tombeau. Le cruel Bellême fut accusé de
l'avoir fait empoisonner, pendant qu'il le tenait en
otage, par les mains de Robert de Poillé.

Néanmoins, Giroie ne fut pas abandonné de ses parents et de ses amis. Ils lui fournirent, l'année suivante, les moyens de rebâtir le château de Montaigu
et de se venger de son ennemi.

Celui-ci, outré de fureur, court porter plainte au
duc et le détermine, par de flatteuses promesses, à

(1) Ord. Vital, l. VIII, p. 719.

venir assiéger Montaigu avec son armée de Normandie. Alors Geoffroy de Mayenne et plusieurs puissants
seigneurs du Maine s'interposent entre l'assiégeant et
l'assiégé. Le duc, porté à la clémence, dit Orderic
Vital, se rend à leur demande. Une convention fut
conclue, d'après laquelle le château de Montaigu fut
démoli, et celui de Saint-Céneri rendu à Giroie. Ce
dernier se remaria à Félicie, fille d'Avesgaud de Connerré. Il en eut trois fils, Guillaume, Robert et Mathieu, et trois filles, Agathe, Damète et Aveline.

En 1100, il signa au château de Connerré la donation que son beau-père fit aux moines de Saint-Vincent, du Mans, de la moitié des dîmes de l'église
de Saint-Symphorien. Félicie, son épouse, la consen-
tit au château de Saint-Céneri (1). La même année, il
leur abandonna la dîme d'un four près Connerré (2).

En 1102, avec son écuyer Bouchard et Hugues de
Noans, il ravagea les terres du comte de Bellême, qui
faisait la guerre au duc (3). On voit que les maisons
étaient irréconciliables, et disposées à se faire la
guerre à la moindre occasion (4).

En 1117, Robert de Saint-Céneri entra dans la con-
fédération formée par le roi de France et par plusieurs
seigneurs en faveur du fils du duc Robert. Le roi

(1) Dom Martène, t. I, p. 570, *Vet. Script.*
(2) Cartulaire de Saint-Vincent du Mans.
(3) Dumoulin.
(4) En 1113, Henry, roi d'Angleterre, passa le jour de la Chan-
deleur à Saint-Evroul : vingt jours après, la première semaine
de carême, il eut une entrevue avec Foulque, comte d'Anjou,
ad petram peculatam, au pont-percé, passage sur la route de
Bretagne, à environ 5 kilomètres d'Alençon.

d'Angleterre, irrité, voulut l'en châtier, et vint l'assiéger à Saint-Céneri (1).

Giroie sentit qu'il ne pouvait longtemps lutter contre
l'orage qui s'amoncelait sur sa tête.

Il implora le secours de Foulques VI, comte d'Anjou. Celui-ci, à la tête de cinq cents hommes d'armes,
entra dans le Perche, assiégea le château de la Motte-
Gauthier, que le roi avait fortifié. Cette diversion força
Henri à lever le siége de Saint-Céneri et à voler au
secours de la Motte-Gauthier (2).

Pendant que le roi rassemblait des troupes à Alençon, les Angevins redoublèrent d'efforts ; la place
tomba en leur pouvoir avant d'avoir pu être secourue.
En 1119 le calme se rétablit. Le roi Henri fit offrir
des propositions de paix à Foulque, qui les accepta.
Il rendit aussi son amitié à Guillaume Talvas, lui
remit Alençon et plusieurs autres forteresses, tout
en se réservant leurs donjons, dont il confia la garde
à des soldats à sa solde. Il oublia aussi les torts de Robert de Saint-Céneri, son cousin, qui avait pris les armes
contre lui, et le rétablit dans la possession des terres
de Montreuil et d'Echaufour (3). Robert Giroie fut du
nombre des bienfaiteurs du prieuré de la Fontaine-
Saint-Martin (4).

En l'année 1123, Robert de Saint-Céneri, devenu
vieux, confirma les donations faites par sa famille et
lui, à Saint-Evroul.

(1) Odol. Desn., 1er v., p. 270. — Ord. Vit., l. XII.
(2) Dumoulin, p. 305.
(3) Id. p. 315. — Odol. Desn., l. V, p. 282. — Ord. Vit.,
l. II, p. 317.
(4) Dom Piolin, IIIe v., p. 480.

Entre autres dons, il ajouta le manoir des moines que son grand-père avait placés à Saint-Céneri. Ceci semble nous révéler l'origine du prieuré dont nous parlerons plus tard. Le roi d'Angleterre sanctionna de son autorité toutes les fondations du seigneur de Saint-Céneri, qui mourut l'année suivante, laissant pour héritiers deux fils, Robert et Guillaume. (Sceau de R. de Saint-Céneri. *Voir la fin du volume, pl. 1.*)

CHAPITRE SEPTIÈME.

Le château de Saint-Céneri continue d'appartenir aux descendants des Giroie. — Seigneurs de ce lieu. — Le duché de Normandie rentre à la couronne de France. — Saint Louis donne Alençon et Saint-Céneri, qui en dépend, à son fils Pierre.

Le château de Saint-Céneri continua d'être la propriété des descendants des Giroie jusqu'à ce qu'un nouvel ordre de choses le rendît dépendant du comté d'Alençon. Au milieu des guerres et des troubles d'une époque mémorable, il changea souvent de maîtres. La paix ne semblait lui permettre de réparer ses désastres que pour exciter davantage le dieu de la guerre à tourner contre lui ses fureurs.

Nous arrivons à une époque où les seigneurs de Saint-Céneri vont goûter, à l'abri de leurs forteresses, les douceurs d'une vie moins agitée.

En l'année 1138, Simon le Roux, de l'avis de Robert Giroie, troisième du nom, se retrancha au château d'Echaufour, et dévasta le pays voisin pour le comte d'Anjou (1).

En 1173, le seigneur de Saint-Céneri prit parti pour le jeune Henri, fils de Henri II.

Sous Philippe-Auguste, parmi les seigneurs normands de distinction qui portaient bannière (2), se faisait remarquer le seigneur de Saint-Céneri; c'était Guillaume de Saint-Céneri qui, en 1189, assura aux religieux de Saint-Evroul les donations de ses ancêtres. Dans la charte confirmative, il fait mention de l'ermitage du doit Moussu, du gué Perreux, du doit Buisot. Pour ce, Guillaume reçoit de l'abbé de Saint-Evroul un cheval valant 25 livres tournois : son fils, Gervais, reçoit 10 livres, et Guillaume, son autre fils, reçoit 5 sous. On ne peut s'empêcher de remarquer que les Giroie cessent de porter le nom de leurs ancêtres pour porter celui de Saint-Céneri.

Le 12 des calendes de juin, la troisième année du pontificat du pape Célestin, bulle de ce pontife qui confirme aux moines de Saint-Evroul la posession des églises de Saint-Céneri, de Noron, de *Halis*, de *Draitono* (3).

En 1202, Jean sans Terre visita Saint-Céneri en revenant de Domfront.

(1) Dumoulin, p. 352. — Odolant Desnos, l. V, p. 290.

(2) André Duchêne, t. V. p. 262. — On appelait chevalier banneret celui qui avait assez de vassaux pour lever bannière. Le bachelier marchait sous la bannière d'autrui. En temps de guerre, le banneret touchait une solde double de celle du bachelier, et celui-ci en touchait une double de celle de l'écuyer.

(3) Biblioth. Imp., latin 11056.

Une charte sans date, de Guillaume de Saint-Céneri et seigneur de ce lieu, nous fait connaître la donation de la métairie de Chantemêle, qu'un de ses vassaux, nommé Mathieu de Pleinperier, avait faite à Saint-Evroul.

Dans une autre charte, aussi sans date, il assure aux moines de Saint-Evroul la dîme *stallorum de Monsteriolo, de Escalfou,* et de *Sancto Senerico, et anguillarum omnium piscatoriarum in eisdem locis,* et la dîme de Moulins (1).

En 1207, G., archevêque de Tours, et Hamelin, évêque du Mans, eurent à juger un différend survenu entre G., prieur de Saint-Céneri, et Robert Champroser. Le premier se plaignait d'avoir été maltraité et dépouillé, par violence, de la métairie de Chantemêle et de la moitié du moulin du même nom. Robert de Champroser rendit le bien injustement usurpé, et jura de respecter, à l'avenir, la propriété des moines (2).

Une charte sans date, mais, croyons-nous, du même temps, mentionne la comparution, devant l'official du Mans, de P. de *Pice,* prieur de Saint-Céneri, et religieux de l'abbaye de Saint-Evroul, et de Guillaume de Champroser. Ce dernier était accusé de troubler les moines dans la jouissance de leur métairie de Chantemêle et du moulin du même nom. Guillaume de Champroser reconnut ses torts et s'engagea, par serment, à ne plus inquiéter les religieux. En outre, il s'obligea à amener son épouse, à prêter le même serment en présence des habitants de la paroisse (3).

(1) Biblioth. Imp.
(2)   id.,   latin 11056.
(3)   id.

Gervais de Saint-Céneri succéda à son père Guillaume dans la seigneurie de Saint-Céneri. Il céda à Saint-Evroul une partie de la forêt d'Echaufour : de plus, il donna deux forestiers, savoir : Guillaume Lerouy de la Jarrias, et Laurent Fournier. Robert, archevêque de Rouen, confirma et approuva cette charte le jour de saint André, de l'année 1209 (1).

Vers le même temps, Gervais de Saint-Céneri assura à la même abbaye de Saint-Evroul, avec l'assentiment de son frère Guillaume, la propriété des églises, dîmes, revenus concédés par son père. En 1217, il assista comme témoin à la donation que Raoul Symon de Fresnay fit aux moines de Saint-Martin de Séez, d'une vigne située près l'église du Saint-Sauveur, à Fresnay. Deux ans après, il donna à l'abbaye de Saint-Vincent du Mans, trois arpents de terre, situés près la Couture (2).

En 1219, ce même seigneur voulut contester certains droits que les moines de Saint-Evroul avaient à Saint-Céneri. L'affaire fut soumise au tribunal de Bernay. Jehan Delaporte, bailly du roi, Robert de Feschières, et plusieurs autres chevaliers, mirent fin à ce débat. Gervais reconnut ses torts, et les moines lui firent don de la somme de 20 livres tournois (3).

Au mois de mai 1223, pour rémunérer le service religieux, célébré dans la chapelle de son château de Saint-Céneri, Gervais donna à l'église de Saint-Céneri la somme annuelle de 25 sous tournois, et, au prieur

(1) Biblioth. Imp.
(2) Cartulaire de Saint-Vincent, art. 116.
(3) Archives de l'Orne.

du même lieu, 5 sous, à prendre, à deux termes, sur la prévôté de Saint-Céneri ; savoir, 15 sous, au jour de la fête de saint Rémy, et 15 sous, au jour de Pâques. Le fondateur ajouta la clause suivante : si mes héritiers, mes chargés d'affaires et moi nous différons de payer la susdite somme aux jours indiqués, je veux que pour chaque jour de retard, il soit versé à l'église et au prieur de Saint-Céneri, 12 sous tournois (1).

Ce noble seigneur mourut peu de temps après cette pieuse fondation. Agnès, sa femme, se remaria, en 1228, à Guy de Lucé. De concert avec ce nouvel époux, elle renonça à certaines prétentions qu'elle faisait valoir sur ses droits féodaux de la forêt d'Echaufour (2).

Guillaume de Saint-Céneri, frère de Gervais, lui succéda dans la terre de ce lieu. Il concéda aux moines de Saint-Evroul ses droits sur le doit Moussu. La charte confirmative fut rédigée en 1234, aux assises de Bernay (3).

En mai 1250, il confirma tous les dons, et toutes les chartes délivrées par ses ancêtres, en faveur de Saint-Evroul. Il mentionna d'une manière spéciale les églises de Saint-Céneri, de la Poôté-des-Nids, la rente *pro recompensatione capellæ castri sancti Serenici*, la métairie de Chantemêle. Pour ce, Guillaume reçut des moines 50 livres tournoises (4).

En 1256, mourut, à Caen, Julienne de Saint-Céneri, qui était abbesse d'un monastère.

---

(1) Biblioth. Imp., 11055.
(2) Biblioth. Imp., latin 1105.
(3) Id.
(4) Id.

L'année suivante, Guillaume de Saint-Céneri et son frère André, tous deux chevaliers, reconnurent avoir vu et lu bien conservée une lettre de leur frère Robert de Saint-Céneri, clerc, qui attestait avoir pris connaissance de la charte de noble homme et discret Guillaume, seigneur de Saint-Céneri, son frère, assurant aux moines de Saint-Evroul les donations de ses ancêtres.

Robert de Saint-Céneri approuve les dons de son frère, et s'engage, dans le cas qu'il devienne un jour seigneur de Saint-Céneri, à tenir aux mêmes engagements. C'était au mois de janvier 1257.

La même année, le clerc Robert de Saint-Céneri prit à loyer, et pour sa vie, moyennant la somme annuelle de 15 livres, le manoir que les moines avaient à Saint-Céneri, tout en laissant à l'abbé de Saint-Evroul et à ses successeurs la faculté d'y rendre la justice. Il s'obligea, la main sur les Saints Evangiles, dans le cas que Saint-Céneri lui tombât en héritage, de tenir quitte de cet engagement les moines de Saint-Evroul, et de leur rendre le devoir de patronage : *Præstare patrocinium.* Cet acte fut scellé de son sceau. Ses deux frères approuvèrent cette location (1).

En l'année 1258, le jour de la nativité de saint Jean-Baptiste, naquit un héritier du seigneur de Saint-Céneri (2).

Guillaume mourut en 1262. Il tenait des fiefs de chevaliers, dont vingt-un lui devaient le service dans

1) Biblioth. Imp., latin 1105.
(2) Annales de Saint-Evroul.

le ressort de Lisieux. Nous croyons en offrir le sceau, avec les fautes de latin. (*Fin du volume, pl. 2.*)

En 1268, saint Louis donna le comté d'Alençon à son fils Pierre, qui fut le premier prince à qui Alençon fut donné en apanage, et en pairie, avec le droit d'échiquier, ou de cour souveraine. Ce n'était qu'un démembrement de l'échiquier de Normandie (1).

En 1276, le lendemain de la nativité de la sainte Vierge, naquit une fille à l'héritier de la seigneurie de Saint-Céneri. On ne nous fait pas connaître son nom. On doit le remarquer, on héritait encore d'un nom, d'un titre, mais s'éteignait l'ancienne puissance féodale.

En 1277, la terre de Saint-Céneri passa dans la dépendance du comté d'Alençon. Le roi Philippe III l'accorda à son frère Pierre, *par le don qu'il lui fit des hommages de Saint-Céneri, et d'Hauterive, que l'on exposait être des appartenances et dépendances des terres à lui laissées en apanage: et cela pour le récompenser des services qu'il avait faicts à la France* (2).

Pierre II étant mort sans enfants, le comté d'Alençon et ses dépendances passèrent, en 1285, dans les mains de Charles Ier. En 1225, lui succéda Charles II, frère de Philippe de Valois qui, lui-même, eut pour successeur son fils Charles, en 1246. Ce jeune comte d'Alençon, en 1359, entra dans l'ordre de saint Dominique. Il céda à Pierre, son jeune frère, le comté d'Alençon, et les terres dépendantes qu'il tenait de son père, tué à la bataille de Créci (3). Ce même Charles devint arche-

(1) Histoire de la maison de Châtillon.
(2) Archives de l'Orne. — Du Tillet, p. 383.
(3) Renald., t. XVI, p. 398.

vêque de Lyon sous le pape Urbain V. Après Pierre, qui mourut en 1404, Jean Ier devint comte d'Alençon. Ce fut en sa faveur que ce comté fut érigé en duché, en 1414 (1). Jean II lui succéda et trahit Charles VII, en traitant avec les Anglais (2).

Mais revenons aux seigneurs de Saint-Céneri. En 1293, Jehan, seigneur de *Saint-Céllerin* (sic), d'Echaufour, et de Montreuil-l'Argillé, de concert avec Robert, seigneur de Habouville, et Agnès, fille de ce dernier, et épouse du premier, contestèrent aux moines de Saint-Evroul des droits anciennement établis. Le bailli de Rouen les débouta de leurs prétentions. L'abbé et les religieux leur versèrent en pur don la somme de 150 livres (3).

Jehan mourut l'année suivante.

En 1310, les moines de Saint-Evroul furent se plaindre au bailli d'Alençon, nommé Pierre Honoré, de ce que Denis Alix, sir de Beaufay, les troublait dans la jouissance de leurs biens *senestre*, ainsi appelés du don de *Silvestre* de Beaufay, et qu'ils tenaient de la libéralité des seigneurs de Saint-Célerin. Un arrêt fut rendu en leur faveur (4).

Une lettre en français du bailli d'Alençon et du Perche, sous la date de 1335, et conservée à la Bibliothèque Impériale, traite du patronage de l'église de Saint-Céneri. On y trouve le nom de mons Robert de *Tybouville seigneur de Saint-Célerin*. Peut-être devrait-

---

(1) Archives de l'Orne. — Du Tillet, p. 383.
(2) Du Tillet, p. 65.
(3) Archives de l'Orne.
(4)   id.

on lire Habouville? La terre de Saint-Céneri passa-t-elle dans cette famille par le mariage d'Agnès d'Habouville, avec Jehan, seigneur de Saint-Céneri? c'est ce qui nous paraît assez probable. Toujours est-il que nous perdons la trace des anciens *Géroyens*, qui ont laissé leur nom attaché inséparablement aux rochers de Saint-Céneri. Nous retrouverons dans le Maine des descendants de cette illustre famille; du moins, l'opinion générale, conservée dans la contrée, nous autorise à le penser.

Ce qui est certain, c'est que dans les siéges que la forteresse de Saint-Céneri aura à soutenir contre les Anglais, le nom des seigneurs de Saint-Céneri ne se trouvera point parmi les guerriers valeureux qui seront chargés de défendre cette place.

CHAPITRE HUITIÈME.

Ambroise Loré est chargé de la défense du château de Saint-Céneri, sous Charles VII. — Victoires qu'il remporte sur les Anglais. — Nouveaux siéges de la forteresse de Saint-Céneri. — Sa destruction.

Au temps de Charles VII, les Anglais s'emparèrent du château de Saint-Céneri. Ils en furent chassés par la valeur de Jehan Armange, et de Henry Villeblanche, qui combattaient pour la France. Vilby, capitaine anglais, qui connaissait l'importance de cette place, déploya toutes ses forces pour en déloger les Français. Il en commença le siége avec un opiniâtre acharnement. Bientôt parut sur le théâtre de la guerre le fameux Fastolf, qui espérait cueillir des lauriers là où l'attendait l'humiliation d'une défaite. Quand il crut le moment opportun, il commanda l'assaut; repoussé par la vigoureuse défense des assiégés, il se vit contraint de se retirer.

Cette forteresse démantelée n'eut pas le temps de se ravitailler, les Anglais, impatients de s'en emparer, ne lui laissaient ni trève ni repos. Thomas, sire de Scales, Raoul le Bouteiller, Robert de Roos et Guillaume de Houdelande reviennent bientôt à la charge et paraissent devant Saint-Céneri, avec une armée de cinq mille hommes d'infanterie et de quatre cents chevaux, suivis de canons, de bombardes et d'autres engins de siége nouvellement inventés (1). Aussitôt une nouvelle attaque a lieu. Jehan II, duc d'Alençon, l'avait prévu : il avait nommé Ambroise Loré son maréchal des logis, et l'avait envoyé à Saint-Céneri *pour tenir contre les Anglais.* Loré assigne un poste à chacun des siens, qui le sollicitent de quitter la place. Il se rend à leur avis. Le cinquième jour du siége, il sort, traverse le camp ennemi, et vole à Chinon pour implorer le secours du roi de France et du duc d'Alençon. Les Anglais, à la nouvelle des renforts qu'on envoie aux assiégés, redoublent d'efforts pendant quatre à cinq heures, ils montent à l'assaut, re-

(1) L'artillerie de siége, pour la première fois, assure Polydore Virgile, fut employée au siége du Mans, vers 1421. — Pesche, p. 137. — L'auteur de l'*Art de vérifier les dates* nous dit que le bruit et les effets du canon causèrent une telle épouvante aux Manceaux qu'ils ne tardèrent pas à capituler, t. XIII, p. 77.

viennent à la charge ; mais toujours repoussés et
vigoureusement culbutés, ils cèdent à la valeur française, lèvent précipitamment le siége, en abandonnant
une grande partie de leurs bagages au victorieux Armange. Or, cet assaut où le courage avait à lutter
contre l'héroïsme, les Français perdirent un gentilhomme breton, nommé Beaurepaire, connu par sa
valeur.

Loré, obligé de guerroyer dans le pays de Château-
Gonthier et de Pouancé, n'oubliait pas Saint-Céneri.
Il envoya des ordres à Armange pour qu'il en répa-
rât les fortifications, surtout du côté de Fresnay, où
des montagnes favoriseraient les projets de l'ennemi,
en cas d'attaque. De son côté, le duc d'Alençon, qui
connaissait toute l'importance de cette place, la ren-
força d'infanterie et de cavalerie. Ce qu'on prévoyait
arriva.

En 1431, Robert de Vilby, Jehan de Montaigu et
Mathieu Got, autrement appelé Matagot, tous trois
capitaines anglais, projetèrent encore de s'emparer de
Saint-Céneri, qui leur portait ombrage. Ils firent
avancer contre cette place sept mille hommes et une
forte artillerie. Loré était absent. Il apprend cette
nouvelle et va demander des secours à Charles d'Anjou et au duc d'Alençon (1). Accompagné de Bueil, il
se rend à Beaumont-sur-Sarthe, où il trouve Pierre
de Beauveau, seigneur de Blois-Dauphin, les seigneurs
de Saint-Père, de Brussac, de Loheac. Les Anglais,
qui assiégeaient Saint-Céneri, apprirent qu'une partie

(1) Archives de l'Orne. — Odolant Desnos, etc. — Passim. —
Pesche.

des troupes de Loré logeait à Vivoin depuis trois jours. Ils entreprirent d'aller les y attaquer. Vilby fut chargé de continuer le siége, pendant que Jehan Arthus et Mathieu Got dirigeraient l'armée expéditionnaire contre Vivoin. Ceux-ci, à la tête d'une armée de trois mille hommes, marchèrent toute la nuit..... et, à la pointe du jour, tombèrent à l'improviste sur lés Français..... Loré et de Bueil entendent les cris des combattants. Ils montent à cheval et ordonnent à leur troupe de les suivre. Loré a bientôt passé le pont jeté sur la Sarthe, entre Beaumont et Vivoin, suivi d'un petit nombre de braves. Il aperçoit mille à douze cents Anglais occupés du pillage et des prisonniers.

Soudain il est attaqué. Il fait soutenir sa troupe par un écuyer nommé Poulain. Se tournant ensuite vers de Bueil, Blois-Dauphin et plusieurs qui le rejoignent successivement : *Voici*, leur cria-t-il, *les enseignes des Anglais hors du village ; il ne faut point marchander!*... Et les Français, quoiqu'en petit nombre, de charger les Anglais avec fureur. Le combat devient atroce. De part et d'autre les enseignes sont renversées..... Une partie des Anglais prend la fuite ; une partie est victorieuse et fait même Loré prisonnier, Loré couvert de blessures. La victoire reste indécise. Des deux côtés on fait des prodiges de valeur. Enfin les Anglais, quoique supérieurs en nombre, cèdent au courage et sont mis à *vaudéroute* (1), laissant six cents morts sur le champ de bataille, parmi lesquels se trouve Arthus. Mathieu Got est fait prisonnier avec un grand nombre des siens, et les débris de l'armée

(1) Archives de l'Orne. — Odolant Desnos, etc.

anglaise regagnent précipitamment Saint-Céneri. Du Bueil se met à leur poursuite et délivre Loré (1) sous les murs même de Saint-Céneri. L'armée assiégeante laisse munitions, bagages, et prend en toute hâte la route d'Alençon. Armange a compris la détresse de l'ennemi. Il sort de la place à la tête de sa garnison. Il tombe sur les Anglais au passage de la Sarthe, près d'une forge appelée depuis forge de la bataille, et en fait un affreux carnage. Pendant ce siége, l'intrépide défenseur de Saint-Céneri repoussa huit assauts de l'ennemi et lui fit éprouver autant de sorties désas-treuses (2).

Dès que Loré fut rétabli de ses blessures, il fit ré-parer les brèches que le canon anglais avait ouvertes aux murs de Saint-Céneri.

Et comme pour se venger de sa courte captivité, par un trait d'audace, il part à la tête d'une troupe d'élite, s'avance jusqu'au faubourg de Saint-Etienne de Caen, alors occupé par les Anglais, pille les plus riches marchandises de la foire de Saint-Michel, ra-vage le pays de Bayeux et rentre à Saint-Céneri chargé de butin et conduisant trois mille prisonniers (3).

Le 1er mai 1432, cinq cents Anglais de la garnison de Fresnay, pour braver la garnison de Saint-Céneri,

---

(1) Bourdigné, chroniqueur angevin, 2e v., p. 176. — Odolant Desnos dit que Loré fut délivré à Vivoin.

(2) Pesche, *Dict.*, p. 139 du précis hist. — Article Fresnay.

(3) Pendant cette expédition hardie, Guillaume d'Amilly, et trente des siens, sortant du château de Saint-Céneri, s'avan-cent jusqu'à Argentan. Ils font rencontre dans le village de Rasnes, d'une troupe d'Anglais qu'ils taillent en pièces, et ren-trent à Saint-Céneri chargés de butin. (ODOL. DESNOS, IIe v., p. 46. Voir aussi les *Origines de Caen*, par Huet, p. 103.)

sortent de nuit et viennent planter un mai en face et à la portée du canon de cette place. Loré sort à son tour, fait arracher l'arbre, et l'envoie replanter par son avant-garde aux portes de Fresnay. Le brave Armange, chargé de la soutenir, s'avance avec cent cinquante hommes tenant des branches d'arbres à la main. Loré se place en embuscade derrière avec le corps d'armée. Les Anglais ne voient pas le piége qui leur est tendu. Ils sortent du château pour repousser les insolents porteurs de feuillages.

Ceux-ci feignent de fuir jusqu'au lieu où Loré se tenait caché. Alors celui-ci tombe sur les Anglais, les enveloppe, les tue ou les fait prisonniers.

Voici comme Martial d'Auvergne célèbre dans ses vers ce fait d'armes :

L'an mil quatre cent trente-deux,
Ung premier jour du mois de mai,
Viendrent aucuns Anglois coureux,
Planter à Saint-Céneri mai.

Cela firent expressément,
Afin que les François si vinssent,
Leur en donner pareillement,
Et que par embûche les prinssent.

Messire Ambroise de Loré
Fit faire une embûche à couvert,
Et après qu'il fut préparé
Leur envoya un beau mai vert.

A donc les Anglois affouyrent
Contre ceux qui le présentoient,
Et lors les Franço's si saillirent
D'un lieu où massez ils estoient.

Si ut grande crierie et gloy,
Tant que plusieurs Anglois tuèrent
Sans emporter herbe ni mai,
Et les autres s'en retournèrent.

Peu de temps après, le comte d'Arondel, capitaine anglais, s'étant emparé du château d'Orthe, songea à faire une tentative sur Saint-Céneri. Il s'avança vers Fresnay, passa la Sarthe au gué de *Grateil*, et, avant d'aller plus loin, fit prendre du repos à sa troupe. Loré, qui épiait toutes ses démarches, le surprend à la faveur du clair de lune, lui tue une centaine d'hommes et s'empare de son artillerie. Les Anglais, revenus de leur première surprise, se rallient, chargent à leur tour les Français, leur tuent trois gentils-hommes, dont un se nommait le Loup. Loré, redoutant d'être accablé par le grand nombre, opère sa retraite en bon ordre, conduisant à Saint-Céneri deux cents prisonniers et quatre-vingts chevaux.

Vers le même temps, Armange fit une course jusqu'aux portes de Fresnay. Les Anglais sortent pour le combattre. Armange ordonne à sa troupe de mettre pied à terre, fond sur l'ennemi avec une telle vigueur qu'il lui tue cent vingt hommes et lui fait un grand nombre de prisonniers, parmi lesquels on trouve Hardouin de Mont-Louis, gouverneur de Fresnay.

Les Anglais conservaient le souvenir de tant de pertes.

Le comte d'Arondel assembla, à Alençon, les capitaines les plus renommés de sa nation. Fastolf, Vilby vinrent s'adjoindre à lui. Ils formèrent de leurs forces réunies une armée de quinze mille hommes. Avec vingt pièces de canon et autres bouches à feu, ils revinrent, au mois de février 1434, mettre le siége devant Saint-Céneri. Un nommé Guillaume Fortin, dit une charte des archives de l'Orne, fut chargé par le comte d'Arondel de transporter à *Saint-Cenerin* (sic) les engins de siége, tels que canons, pierres pour les canons, couleuvrines. Une batterie fut établie du côté d'Alençon, sur les hauteurs qui dominent la presqu'île ; une seconde du côté de Moulins-le-Carbonnel.

Loré était absent. Le roi l'avait chargé de la défense de Lagny qu'il sauva. Catherine de Marsilly, baronne d'Ivry, et sa famille, étaient alors à Saint-Céneri.

La place était défendue par Jehan Armange et Guillaume de Saint-Aubin. La garnison n'était composée que de trois cents combattants. Avec une si faible armée, Armange fit des prodiges de valeur dans de fréquentes sorties. Sa défense fut héroïque, sa bravoure au-dessus de tout éloge. Il espérait voir arriver du secours.

Loré, qui comptait sur le courage de ses lieutenants, espérait lui-même arriver à temps à Saint-Céneri avec les troupes qu'il avait obtenues du roi Charles VII.

Le connétable de Richemont était déjà arrivé à Durtal, à la tête d'une nombreuse armée.

A cette nouvelle, les Anglais pressent les opérations du siége, redoublent d'efforts..... Ils établissent

une nouvelle batterie de trois canons sur un rocher
qui domine la forge, et parviennent à ouvrir une large
brèche à l'une des tours. Alors le comte d'Arondel
ordonne un assaut général. Armange et Saint-Aubin,
exhortant les leurs et de l'exemple et de la voix, sont
tués sur la brèche avec une multitude de braves. Les
restes de la garnison, désespérés et couverts de blessures, ne voient de salut pour eux que dans une honorable capitulation. Ils obtiennent de sortir, vies et
bagues sauves (1). Ce siége dura trois mois, dit Polydore
Virgile, livre XXIII.

Le comte d'Arondel, maître enfin de cette place, se
rappela les maux qu'elle lui avait fait souffrir. Comme
Scipion à l'égard de Carthage, il voulut en finir; et
avant de se retirer il détruisit la forteresse, qui, jusqu'à
nos jours, n'a plus été qu'un amas de ruines.

Au rapport d'Odolant Desnos (2), un écrivain du
temps se transporta sur les lieux. A la vue des ruines
d'un château naguère si puissant, il s'écria dans un
enthousiasme tout poétique :

Hic Matago infelix! hic tendebat Arondel!
Ces débris entassés redisent la mémoire
De Matagot vaincu, d'Arondel la victoire!

Enfin, en 1450, les Anglais furent chassés des châteaux d'Alençon, d'Essey, d'Argentan, de Falaise,
qu'ils possédaient encore (3). La domination anglaise
finit aussi dans le Maine, où elle était en horreur.

(1) *Histoire de Bretagne*, tom. I. — Manuscrit des archives de
l'Orne. — Gillesbry. — Pesch., art. S. Céneri.
(2) IIe v., p. 51.
(3) De Maurey d'Orville, p. 153.

CHAPITRE NEUVIÈME.

État de la contrée de Saint-Céneri pendant les dernières guerres des Anglais. — Terre de Saint-Céneri après la destruction du château.

Forcée de se soumettre à la loi du plus fort, la contrée de Saint-Céneri changea souvent de maîtres, sans avoir vu luire sur elle des jours de bonheur. Ces rochers escarpés, où jadis un pieux solitaire avait recherché les douceurs de la paix, étaient devenus un théâtre permanent de guerres et de combats sanglants. A une armée avide de pillage, et ne laissant sur son passage que des ruines, succédait une autre armée qui dévastait à son tour ce que son ennemi avait épargné; mais surtout, pendant les dernières guerres des Anglais, les excès furent poussés à l'extrême. Le pays gémissait sous un joug plus intolérable que la mort.

Les bois étaient incendiés, les villages abandonnés de leurs habitants, les maisons désertes, les terres sans culture ; le brigandage ajoutait ses horreurs à celles de la guerre. Si quelques cultivateurs demeuraient attachés à l'héritage paternel, aussitôt ils se voyaient cruellement rançonnés, privés de leurs troupeaux, et des fruits de leurs labeurs. Dans des moments de calme et de trève, il se trouva des paroisses dont toute la population était réduite au curé, à trois ou quatre ménages, à quelques femmes veuves, qui n'avaient de ressources pour vivre que la vente de quelques fagots de bois qu'elles apportaient à Alençon, sur leurs épaules. Hesloup eut à souffrir horriblement du voisinage de Saint-Céneri. Dans une juste mesure nous pouvons juger de la désolation des autres localités par celle de cette paroisse presque anéantie. *Ab unâ disce omnes.*

Je crois devoir citer la pièce suivante, que M. Desulis, archiviste à la Préfecture de l'Orne, m'a communiquée. Elle nous dira qu'il n'y a rien d'exagéré dans le récit qui précède :

« A tous ceulx qui ces présentes lettres verront ou
« orront, Jehan Brochard, garde des saulx aux obli-
« gations de la chastellenie d'Alençon, salut, savoir
« faisons que par Jehan Moynet (1), clerc tabellion
« juré au dict lieu d'Alençon, nous a esté tesmoigné
« et relatté que il a veult et diligemment regardé une
« lettre d'assises saines et entières en scel et escrip-
« ture desquelles la teneur suit : Les assises d'Alen-
« çon tenus par Jehan le Roberdel, lieutenant commis
« à tenir ces présentes assises, de noble homme mes-
« sire Henry Bedford, chevalier bailli du dict lieu
« l'an mil quatre cent quarante-cinq, le 26ᵐᵉ jour de
« feuvrier continuant ces jours précédents des dictes
« assises; comme procès fut assis ès dictes assises
« d'Alençon par entre le procureur du roi notre sire
« d'une partie et les gardiens par justice des enfants
« de feu Jehan Pantouf dict de Baudet d'autres ; sur
« ce que iceulx enfants étoient pour forcés de se
« rendre et restituer les levées des fieu et terre de

(1) En 1449, Jean II, duc d'Alençon, accorda des lettres de noblesse à Jehan Moynet; en 1450, à Jean Roberdel; et 1462, à Jehan Broucet, dont nous trouvons ici les noms et les fonctions. (ODOL. DESN., IIᵉ v., p. 404.)

« Hellou depuis la mort et trespas de feu Marc Pan-
« touf dict de Baudet et du dict Jehan de Baudet
« auquel appartient le dict fieu et terre. Icelui fieu
« veneut et escheut au roy notre sire après le tres-
« pas du dict Marc Pantouf par la rébellion et dé-
« sobéissance de Marie fille de Guyot Pantouf dic de
« Baudet frère aisné du dict Jehan Pantouf. Iceulx
« Guyot et Jehan fils de feu Guillaume Pantouf fils
« du dict Marc et duquel fieu et terre icelui procureur
« disait que le dict Jehan de Baudet de son autorité
« indue soy estre en saisine en soi portant prouchain
« héritier du dict Marc Pantouf, que faire ne pouvait
« pour ce que le dict Guyot estait son frère aisné
« prouchain héritier du dict Marc Durant lequel pro-
« cès Guyot Fortin eust obtenu le don d'icelui fieu et
« terre à lui faict et donné par le roy notre souverain
« seigneur pour cause et raison de la rébellion et dé-
« sobéissance de la dicte Marie duquel don il eust
« obtenu lettres patentes données le 26me jour de mars
« l'an 1443, veues lesquelles lettres et ce que par les
« dicts enfants du dict Jehan Pantouf ne aulcune per-
« sonne par eulx n'avait à l'encontre du dict Fortin
« été mis aulcun contredit ni débat et ce qu'il estoit
« cognu icelui Jehan Pantouf et les dits enfants avoir
« explecté les dits héritaiges, ils eussent été condamp-
« nez par justice à rendre et restituer les levées d'ice-
« lui fieu depuis la mort et trespas d'icelui feu Marc
« Pantouf dict de Baudet, jusqu'au jour que la dicte
« terre fut donnée au dict Fortin, laquelle condamp-
« nation fecte eust été ordonné par justice faire venir
« des gens de la paroisse de Hellou où le dict fieu est
« assis pour savoir le temps du trépas du dict Marc

« Pantouf dict de Baudet et aussi ce que la revenue
« d'icelui fieu es terre pouvait bien avoir vallut par
« chaulcun an. Cejourd'huy se présentèrent Jehan
« Brousset, Jehan Leliennor l'aisné, Jehan Leliennor
« le jeune, Robert Escharsset, Jehan Lescuret, Jehan
« Proud'homme l'aisné, Jehan Proud'homme le jeune,
« Perrin Gleuclye, Jehan le Bounier, Michel le Bel,
« Guyot Quartier, Philippe Quartier, Jehan Mauclerc,
« tous de la dicte paroisse de Hellou, convoqués et
« faict venir pour les causes dessus dites, des queulx
« à la requeste de Jehan Broucet, procureur du roy
« notre sire furent fait jurés, de rapporter vérité sur
« ce que dict est et sur ce envoyé conseiller et les
« queulx de retour de leur conseil rapportaeint tous
« sans division que ils savaient bien certainement que
« le dict Marc Pantouf trespassa il y aura 16 ans le
« jour saint Jacques et saint Philippe en mai prochai-
« nement venant, et aultre desclaré que après son
« trespas le dict Jehan Pantouf c'estait porté son hé-
« ritier et c'estait ensaisiné d'icelui fieu et terre et
« celle aulcun y avait cueilli ou fait cueillir des fruy-
« taiges que bien pouvaient avoir vallu. Les couste-
« ments rabbattu la somme de dix sols tournois, et de
« plus celle aulcun n'en avait amendé pour ce que à
« l'occasion de la guerre.

« La dicte paroisse de Hellou commença du tout à
« desemparer et s'enfuyr les gens hors du pays, et au
« regard des huict années subséquentes savaient cer-
« tainement que à cause des oppressions qui par les
« adversaires avoient été faictes aulx paroissiens
« d'icelle paroisse laquelle estoit environnée de plu-
« sieurs places et forteresses contraires c'est, assavoir :

« Saint-Célerin, la Ferté-Bernard, la Guierche, Saint-
« Aignan, Beaumont, Orte, Syllé, Peschère, Mont-
« doubague, Maisoncelle et aultres tenants partis
« contraires, et mesme les brygands tenants les boys,
« que de jour et de nuyct faisoient course à la dicte
« paroisse, prenoient et ranssonnoient les gens, déte-
« noient leurs bêtes, la dicte paroisse estoit du tout
« demeurée déserte, dépopulée et déhabitée sans ce
« qu'en icelle y put avoir personne demeuré ni qu'aul-
« cun labour n'y recollecte fait. Pourquoi disoient
« que pendant icellui temps, les dicts lieux terres
« n'avaient esté d'aulcune valeue et n'en avoit icelui
« Jehan Pantouf d'aulcune chose amandé. Lesqueulx
« huict ans passés furent faictes certaines ordonnances
« par lesquelles chascune paroisse devait estre quiete
« pour estre appatesné à une forteresse. Sous umbre
« desquelles ordonnances se retrouvèrent en la dicte
« paroisse le curé et 3 ou 4 mesnagées et deux fames
« veufves qui illec vivaient du bois qu'ils apportoient o
« le coul en la ville d'Alençon, et jusques au temps de
« ces présentes tresves que les dessus dicts déposants
« se sont retraicts en la dicte paroisse. Durant lequel
« temps depuis iceulx huict ans passés jusques au jour
« que la dicte terre fut donnée au dict Guyot Fortin
« qui sont cinq années. Ils rapportèrent que le dict feu
« Jehan Pantouf n'avait fait aucun labour en la dicte
« terre, parce qu'il n'avait pu trouver aulcun metaier
« pour mettre en la dicte terre, ni personne qui vou-
« lusse faire aulcun labour ni n'avoient aulcun con-
« noissance qu'il n'en eust d'aulcune chose amandé,
« fors seulement des fraytaiges que il y avait cueilliez
« que bien povoient avoir vallus par chacun d'icieulx

« cinq ans et outre les coustuments de les avoir cueil-
« liez et cidrez, la somme de cinq solz tournois et
« que aie fait des rentes du dict fieu de l'étang du
« moulin et des boys, rapportèrent par leurs serments
« que le dict Jehan de Baudet n'en avoit aulcune
« chose reçue ne amandé parce que au regard des
« dictes rentes il n'y avoit personne en la dicte terre
« qui eust rien de quoy payer ne de quoy por vivre,
« et l'estanc dès le temps environ du trespas du dict
« Marc Pantouf avoit été pesché par les adversaires
« lors étant à Saint-Célerin qui en avoyent rompus la
« chaussée, à laquelle oncques depuis n'avait été re-
« faicte et que au regard du dict moulin ils estoient
« du tout cheu en ruine, et tourné en non valleur et
« les boys de la dicte terre avoient esté usés par for-
« tune de feu. Par quoy le dict Jehan Pantouf n'avoit
« de tout ce d'aulcune chose amendé fors de six an-
« nées ainsi qu'il est dessus déclaré dont la première
« vallait dix solz, et les aultres chacune cinq solz
« tournois qui font en somme toute la somme de
« 35 solz tournois.

« Et outtre disaient qu'ils savoyent certainement
« que le dict Jehan Pantouf durant celuy temps n'eust
« en quoy vivre, n'eust esté qu'il avoit de bons et
« beaux héritages à cause de sa fame. Duquel rapport
« ainsi faict Philippe Chaine gardian par justice les
« enffants en bas a age du dict feu Jehan Pantouf re-
« quist lettres qui ottroiée lui fut pour valloir aulx
« dicts enfants, ce qui sera dont comme dessus si-
« gné : Belard. En tesmoin de toutes lesquelles choses
« dessus dictes. Nous Jehan Brochard offidé à la re-
« lation du dict Gabellion avons mis à ceste pièse *ut*

« *vidimus* en transcript l'un des sceaulx dessus dicts,
« sauf aultres droicts. Et ce fut faict le cinquième
« jour d'avril avant Pasques l'an 1445.

« Signé COLLON,
« MOYNET. »

Après l'expulsion des Anglais du pays, la terre de
Saint-Céneri ne conserva, de son antique splendeur,
que le titre de simple baronnie.

Les seigneurs de ce lieu siégeaient à l'échiquier
d'Alençon dont ils dépendaient, comme nous l'avons
vu.

Vers l'année 1576 (1), Jacques de Matignon, nommé
maréchal de France en 1579, fit l'acquisition de cette
baronnie. Sous son fils, Charles de Matignon, la terre
de Lonray fut érigée en marquisat, en 1644. Depuis
1649 jusqu'en 1679, Léonor de Matignon, évêque de
Lisieux, porte à son tour les titres de marquis de Lonray et baron de Saint-Céneri. Henry de Matignon,
neveu de Léonor, en hérita en 1680. Vers l'année
1683, messire Jean-Baptiste Colbert, marquis de Se-
gnelay, ministre secrétaire d'Etat, devint. baron de
Saint-Céneri par son mariage avec Catherine-Thérèse
de Matignon. Il eut pour fils aîné et pour principal
héritier Marie-Jean-Baptiste Colbert, qui épousa Marie-
Louise de Furstembert. De ce mariage naquit Marie-
Sophie Colbert, qui devint marquise de Lonray et hé_
ritière des baronnies y annexées. En 1725, elle épousa
François-Frédéric de Montmorency-Luxembourg. En

---

(1) D'après les archives de l'Orne, Jacques de Matignon ne
commença qu'en 1577 à porter le titre de baron de Saint-Cé_
neri.

1730, succéda à ce dernier, haut et puissant seigneur messire Charles-François de Montmorency, premier baron chrétien de France, etc. (1). Cette illustre famille continua de posséder la terre de Saint-Céneri jusqu'en 1781. A cette époque, elle la vendit à M. Pageot, son fermier général, qui lui-même la revendit à trois acquéreurs réunis. Ceux-ci la subdivisèrent comme à l'infini. Il n'en reste plus que le nom et les souvenirs. *Fuit!*

CHAPITRE DIXIÈME.

Des Giroie dans le Maine. — Antoine Girois, seigneur de Neuvy. — Son épitaphe dans l'église de ce lieu. — Jacques Girois, seigneur de Mayet. — Ses descendants. — Extinction de cette famille.

Pendant plus de trois siècles les Giroie possédèrent les terres de Saint-Céneri. Leur vie fut un mélange continuel de prospérité, de revers, de victoires, de défaites. Sous le régime féodal, leur nom fut respecté, leurs bienfaits connus, leur puissance redoutée. Nous ne savons à quelle occasion ils quittèrent un lieu qui devait leur rappeler tant de souvenirs.....

Vers la fin du xiiie siècle, l'église cathédrale du Mans avait un vénérable chanoine qui portait le nom de Hugue de Saint-Céneri. Il y fonda son anniver-

(1) En 1755, les dames bénédictines du faubourg de Montsor, en Saint-Paterne, reconnurent devoir foi et hommage au duc de Montmorency, pour des biens qu'elles possédaient à Colombiers.

saire, ainsi que Béatrix, mère de Giroie de Torcé.
(*Martyrol. capituli cenom.*)

En l'échiquier tenu à Alençon en l'année 1576, était présent le baron de Saint-Céneri-le-Géré. On ne nous a point indiqué son nom (1); il est probable que c'était Jacques de Matignon.

Un registre des actes de baptême de l'église de Neuvy en *Champaigne*, diocèse du Mans, et commencé le 8 novembre 1579, nous a procuré quelques-uns des noms qui suivent. Nous les donnons avec leur orthographe.

En 1580, noble Nicolas Girois était seigneur temporel de Neuvy. Marié à Sébastianne de Hamelet, il en eut plusieurs enfants, savoir :

Jacquine Girois; Charlotte Girois qui mourut le 14 octobre 1590, et fut ensépulturée le lendemain, dans le chœur de l'église de Neuvy; Sidoine Girois, qui, le 25 août 1597, se maria à noble Jacques du Coing, sieur dudit lieu, en la paroisse de *Saint-Léger* en *Carnye*.

Nicolas Girois, mourut au commencement de l'année 1581; son épouse ne le suivit au tombeau que le 8 mai 1598, et fut enterrée dans l'église de Neuvy, sous la tombe de son *mary*, ainsi qu'elle *l'avait requis et désiré.*

Noble Antoine Girois leur succéda dans la seigneu-

(1) Gilles Bry, p. 368. — L'échiquier était la cour féodale des ducs de Normandie. La cour siégeait autour d'une table couverte d'un tapis divisé en compartiments carrés, que l'on appelait échiquier. De là le nom donné à l'assemblée. L'échiquier d'Alençon ne fut qu'un démembrement de celui de Normandie. (Voir l'*Art de vérifier les dates*, v. XIII, p. 157.)

rie de Neuvy. Vers l'année 1600, il devint seigneur de la Roche-Mayet, aussi dans le Maine. Il avait une fille nommée Renée.

En 1622, Jacques Girois, fut marié à Jeanne d'Achez, fille de Charles, seigneur de Larré, et de Renée du Bellay.

En 1624, le 12 novembre, Antoine Girois, seigneur de Neuvy et de la Roche-Mayet, décéda, et fut enterré dans le chœur de l'église de Neuvy, du côté gauche. Sur sa tombe qui vient d'être transportée au bas de l'église, on lit l'inscription suivante :

Ci-git

Le corps de noble Antoine de Girois

Chevalier de l'ordre du roi; et gentilhomme de sa chambre,

Seigneur de Neuvy et de la Roche-Mayet,

Fondateur et augmentateur de l'église

Cimetière et presbytère de Céans,

Lequel décéda le 12 novembre 1624.

Le 13 mai 1628, l'épouse de Jacques Girois lui donna une fille en sa maison seigneuriale de Bures, à Neuvy (1), fut parrain de l'enfant noble Louis de Coisnon, sieur de la Roche-Coisnon, en la paroisse de Ruillé; la marraine, Catherine Hurault, épouse de Honorat du Bouchet, sieur de Sourche. L'enfant reçut le nom de Catherine.

Le dernier jour de décembre 1630, Louise de Salmon, épouse de noble Antoine Giroie, mit au monde

(1) En 1128, Guillaume, seigneur de Bures, de retour de la Palestine, offrit à la cathédrale du Mans, entre autres objets précieux, un ornement sacerdotal composé d'étoffes orientales si recherchées alors.

un fils qu'on nomma Claude. Le parrain fut Gille Girois, sieur de la Trousserie; la marraine, Madeleine de Giroie, épouse de Louis de Coisnon, seigneur de la Roche.

Le 17 janvier 1631, Jeanne d'Achez, épouse de Jacques de Girois, seigneur de Neuvy et de la Roche-Mayet, chevalier de l'ordre du roi, donna le jour à une fille qui fut nommée Renée.

Vers cette époque, cette famille fit construire dans l'église de Mayet la chapelle qu'on y voit encore (1).

En 1639, Jacques Girois, chevalier, seigneur de Neuvy et de la Roche-Mayet, fut taxé au rôle du ban et de l'arrière-ban de la noblesse du Maine, à fournir un mousquetaire pour ledit fief.

En 1665, Pierre Girois, fils de Jacques ou Jacquet Girois, rend un aveu, pour la prévôté de Neuvy et des droits en dépendants.

Dame Marie du Tronchay, veuve du seigneur de Neuvy, fut mise par erreur, en 1689, aux rôles des prétendus exempts du service personnel et de la contribution.

François-Pierre Girois, seigneur de Neuvy, lieutenant au régiment de la Chartre, âgé de vingt-cinq ans, fait l'offre de servir.

Vers l'année 1720, il s'éleva un différend entre le curé de Mayet et les habitants de Saint-Nicolas du même lieu. On en référa à l'évêque du Mans.

Une transaction mit fin à ce débat. Elle fut signée par Girois de la Roche Tulon.

En 1739, Pierre-François Girois de Neuvy, cheva-

(1) Legeay, *Mayet et ses environs.*

lier, seigneur de la Roche-Mayet, fit couvrir à ses frais, l'église de Saint-Nicolas de Mayet.

En 1746, haut et puissant seigneur messire Pierre Girois de Neuvy, seigneur de Roche-Mayet, ancien capitaine au régiment de Béarn.

De l'année 1746 à 1781, Marie-Marguerite Girois de Neuvy fut titulaire de l'abbaye de Bonlieue, de l'ordre de Cîteaux, près du château du Loir. On voyait autrefois dans le chœur de cette abbaye, le tombeau de Guillaume de Neuvy.

En 1781, Messire Pierre-François-Denys-Gabriel Henry, marquis de Girois, chevalier, était seigneur de Neuvy, et de la châtellenie de la paroisse de Saint-Martin de Mayet.

En 1788, Antoine, François, Amable, comte de Girois, ancien officier de dragons, était encore seigneur de la châtellenie et paroisse de Mayet (1). Il mourut en 1817 (2).

La comtesse de Girois ne décéda que le 16 mars 1833, à l'âge de 83 ans. Elle se distingua par ses mérites, sa foi, sa charité : et termina ainsi noblement la longue chaîne de bienfaits d'une ancienne famille qui, dit Gilles Bry, était des plus grands *lignaiges* de la Normandie et de la Bretagne.

Armes des Giroie :

D'argent à la fasce d'azur (3).

(1) Legeay, *Mayet et ses environs.*
(2) L'abbé Voisin, *Histoire des Cénomans.*
(3) Cauvin, *Ess. sur l'arm. du Mans.* — Legeay, p. 121, 1re p. — *Départ. de l'Orne.* — Odolant Desnos, etc.

CHAPITRE ONZIÉME.

Ruines actuelles du château de Saint-Céneri.

En arrivant à Saint-Cénéri par Moulins-le-Carbonnel, on traverse la Sarthe sur un pont, au milieu duquel le voyageur peut s'arrêter un instant et admirer les points de vue divers que lui offrent le fleuve, les roches escarpées que couronnent l'église et sa tour antique. Un chemin nouvellement élargi, qui introduit dans le village, les habitations dispersées sur la colline, lui donnent un aspect champêtre. L'ancienne voie pavée et étroite qui conduisait à la forteresse, semble encore, sur ses pierres usées, porter les traces de tant de maîtres puissants et de guerriers valeureux qui l'ont parcourue. L'emplacement de l'ancienne forteresse offre assez la forme d'un parallélogramme, qui, du côté de l'est, longeait la rivière, et était perché sur les pics élancés des rochers. A l'ouest, les constructions, en partie, étaient placées en amphithéâtre. La porte d'entrée était tournée vers le sud. Au nord, c'est-à-dire dans la direction à peu près d'Alençon, une langue de terre, autrefois reliait le château à la campagne.

Pour fortifier ce côté faible, on creusa des fossés profonds; on éleva une éminence en terre (1), qui

---

(1) Une éminence en terre se fait remarquer toute semblable près des ruines des anciens châteaux de la Chartre, de Parcé Srthe).

couvrait la place. C'est à tort, il nous semble, qu'on a voulu en faire un *tumulus* gaulois. Outre que ce monticule pouvait servir de rempart, n'était-ce point la motte féodale ou merc du château? Ne nous est-il point permis d'y reconnaître les travaux de Robert de Saint-Céneri, qui depuis l'année 1088 jusqu'à l'année 1124, époque de sa mort, entoura son château de nouvelles murailles, de retranchements, de fossés profonds (1). L'enceinte de la forteresse était protégée par des tours plantées sur le bord de précipices. On comprend les peines, les travaux des armées assiégeantes qui combattirent sous les murs de cette place.

Avant l'emploi de la poudre à canon, il n'y avait guère que la crainte des supplices, les menaces, la disette, la trahison qui pussent y faire pénétrer un ennemi; c'est ce qui résulte même de l'histoire des siéges de Saint-Céneri.

Le manoir de la famille du baron était situé à la place de l'hôtel actuel de Saint-Céneri (2).

Des substructions nombreuses, un puits très-bien construit, quelques pans de murailles dont la solidité affronte les vents et les tempêtes, les débris de tours; des amas de ruines; des ronces, des épines, des genêts champêtres, voilà ce qu'offre cette montagne bouleversée et mi-déserte. Sur son sommet inculte, reste encore implantée la base solide et ferme du donjon qui commandait autrefois à la contrée, et qui s'élevait majestueusement au milieu des tours de la forteresse, comme le chêne au milieu de la forêt. Les

(1) Muris et vallis, speculisque munivit. (ORD. V., liv. VIII, p. 208.)

(2) Charmante habitation qu'a fait bâtir M. Collet.

murs renversés, et qui semblent dormir dans d'épais buissons: leur dur aspect, leur masse épaisse dénuée de toute ornementation, disent au visiteur, que le génie de la destruction a plané sur ces lieux, de tout le poids de sa puissance.

Sur le bord de la rue qui conduit à la route d'Alençon, est adossée à la colline, une ancienne cheminée, dans les murs de laquelle on a trouvé un paquet de résine. Chaque jour, des portions de terrains qu'on déblaye, amènent la découverte de quelques objets curieux. Ainsi, on a trouvé des médailles du moyen âge, des débris de lance, des pièces de bois noircis par l'incendie, des agrafes, des boulets en pierre, etc. Nous donnons le dessin d'une agrafe que nous avons vue, et que M. Chadaigne a eu l'obligeance de nous dessiner. (*Voir la fin du volume, 3e planche.*)

L'émail en a été fortement endommagé par l'humidité du sol, où elle a été enfouie pendant tant de siècles. Les récits populaires mentionnent l'existence d'un trésor caché dans la montagne, nous n'avons rien à en dire (1).

Je ne parle point des ossements humains entassés sous ces ruines. Ce sont les restes des guerriers qui ont trouvé un tombeau dans cette forteresse, dont la défense faisait leur gloire. En ces lieux, quel silence a succédé aux clameurs sinistres de la guerre et de la vengeance ! Le bruit monotone des eaux de la ri-

(1) Il est rare qu'un lieu qui, d'après les traditions populaires, renferme des trésors, qui a été la demeure des fées, et sur lequel on débite des histoires, des apparitions, etc., ne révèle pas la présence d'anciennes ruines..... c'est une rouille informe qui dit : *ici fut le fer.....*

6*

vière, qui s'échappent à travers les rochers pour ne
revenir jamais, offre assez l'image du temps qui s'enfuit à travers les bruyantes révolutions des siècles, et
qui entraîne dans son cours irrésistible, hommes,
gloire, grandeur, puissance !

CHAPITRE DOUZIÈME.

Ce que les sciences, les arts et les lettres durent à la famille
Giroie au x1e siècle.

On célèbre la mémoire des hommes illustres, qui
ont préparé, favorisé les grandes époques, où les
sciences et les arts ont brillé d'un vif éclat. Ni les révolutions avec leurs tempêtes désastreuses, ni les in-
vasions barbares avec leurs efforts destructeurs, n'ont
pu effacer leurs noms inscrits dans les annales de la
postérité. A toujours on y lira : le siècle d'Auguste,
de Charlemagne, de Léon, de Louis le Grand. Oh! oui,
honneurs à ces esprits élevés qui, à leur passage sur
la terre, surent faire jaillir la lumière des ténèbres,
et faire éclore du sein des éléments semés sous leurs
pas, des prodiges, des merveilles. Ce fut une sublime
idée dans ces temps de résurrection intellectuelle,
d'ouvrir la carrière au génie captif qui disait: Me
voici ! et qui, pour prendre son essor et déployer ses
ailes, n'avait besoin que d'être encouragé et patronné.
Sans nous arrêter à admirer ces grands restaura-
teurs des sociétés, ces fondateurs d'études nouvelles,
tournons nos hommages vers des noms moins connus.
Dans des temps difficiles, au milieu de leur patrie en

proie à ses propres déchirements, il se trouva des âmes d'élite qui sacrifièrent leurs biens, leur repos, leur fortune, pour raviver le feu sacré des sciences et des arts étouffés sous les ruines de la barbarie. Pour reconquérir la civilisation et ses bienfaits, elles remontèrent à la source d'où ils découlent. Le christianisme, ses institutions fixèrent leurs regards attendris et leurs généreux efforts. Elles virent que dans la religion du Christ, comme dans une arche de salut, les principes de la vie sociale et intellectuelle se conservaient pleins de force, même après les naufrages des institutions humaines.

A la fin du x⁰ siècle, notre France ressemblait à un convalescent dont les traits altérés par la souffrance sont à peine reconnaissables. Quand le xi⁰ siècle parut, elle reprit une nouvelle vie, sous les auspices de la religion, qui, comme une mère tendre, sait ingénieusement approprier les ressources de sa charité au besoin des temps, aux dispositions des esprits et des cœurs.

Le rétablissement des monastères ramena parmi nous les lettres et les arts: les communautés devinrent des écoles florissantes où ils trouvaient asile, protection, appui. La Normandie et le Maine, entr'autres contrées, devinrent comme la terre classique des lettres, en offrant aux laborieux enfants de Saint-Benoît des retraites au milieu de leurs épaisses forêts.

Parmi les familles qui sacrifièrent corps et biens dans cette œuvre réparatrice, il en est une dont on doit reconnaître les bienfaits, bien que son nom, comme nous l'avons dit, n'ait pas toujours été sans reproches.

Autrefois la France, l'Angleterre, l'Italie, la Sicile, l'entourèrent d'une auréole de gloire. Ce nom est celui *des Giroie.*

Cette famille combla de bienfaits la célèbre abbaye du Bec, d'où sortirent les Lanfranc, les Anselme, et tant d'autres hommes supérieurs qui furent la lumière de leur siècle. Normands, Français, Gascons, Bretons, Flamands, venaient en foule se former à cette école. Delà les dons faits à ce foyer régénérateur. De là, ce proverbe du temps. *Le Bec le riche; Jumiéges l'aumônier.* (Dumoulin, p. 209.)

Robert de Grantemesnil, dont la mère fut Hadvise Giroie, d'abord abbé de Saint-Evroul, jeta les fondements de l'église de Sainte-Euphémie dans la Calabre. Il emmena avec lui dans cette contrée lointaine, des moines d'un mérite incontestable. On peut citer entr'autres Bérenger son parent, fils d'Arnaud, que le vénérable Thierry avait formé dans l'art de lire, d'écrire, de chanter. Bérenger devint abbé du monastère de la Sainte-Trinité de Venose, d'où sortirent plusieurs évêques et plusieurs abbés. Le pape Urbain, en considération de sa sagesse, de ses talents, le nomma évêque de Venose, à la grande satisfaction des habitants de la ville, qui acclamèrent de leurs suffrages cette élection. Du temps de Bérenger, le *Labarum* restait déposé dans le monastère de Vénose. Robert Guiscard y fut enterré vers l'année 1085.

Robert de Grantemesnil travailla aussi avec zèle à la fondation du monastère de Saint-Michel à Mélito, ville de Calabre.

Il en confia le gouvernement à Guillaume, fils d'Ingram, qui avait pris naissance à Saint-Evroul.

Dans ces trois monastères d'Italie, dit Orderic Vital (1), le chant, la discipline, l'étude, furent en honneur autant que le permirent les goûts et les usages de la contrée.

Guillaume Giroie bâtit à ses frais en Normandie six basiliques (2). On sait que fonder une église, à cette époque, et que la faire desservir par des moines, était préparer aux populations le pain de l'instruction.

Sans parler des paroisses de Saint-Célerin-le-Géré, près Monfort (Sarthe) ; de Saint-Céneri-le-Géré, près Alençon (Orne) ; de Montreuil en Champagne, diocèse du Mans, qui doivent leur origine à cette famille bienfaisante, hâtons-nous d'arriver à sa fondation du monastère de Saint-Evroul.

Les dons, les soins, les voyages, le zèle empressé, les engagements multipliés des fondateurs étonnent dans cette famille, tous rivalisent de générosité et de dévouement. Chaque membre est heureux d'apporter sa pierre à la construction de l'édifice.

Les pères, les enfants, les neveux, consentent avec allégresse à être moins riches sur la terre de l'exil, pourvu qu'ils assurent le salut de leur âme. Pas un mot de réclamation, pas l'ombre de répugnance, ne suspend le succès de cette œuvre magnifique. Je n'entreprendrai point d'énumérer les biens considérables dont se dessaisirent les Giroie en faveur du monument qu'ils élevaient à la gloire de la religion, des sciences et des arts : Orderic Vital et les chartes confirmatives en donnent le détail.

(1) Ord. Vit., liv. III, p. 91.
(2)   Id.,   liv. III, p. 24.

Après avoir choisi en famille le lieu du désert de la forêt d'Ouche, qui convient à leur entreprise, les Giroie se rendent à l'abbaye de Jumiéges. Ils demandent à l'abbé Robert un abbé pour gouverner leur monastère naissant. Robert leur accorde le moine Thierri de Mathonville qui, avec la permission de son supérieur, emmène avec lui, à sa nouvelle demeure, son neveu Raoul, le chantre Hugues et plusieurs moines capables de le seconder dans ses travaux.

Consacré par l'évêque de Lisieux, en 1050, Thierry aussitôt se mit à l'œuvre réparatrice dont il était chargé. Dès son enfance, ce pieux abbé cultiva les saintes lettres dans la maison de Dieu. Il excellait dans l'art d'écrire, et laissa des monuments remarquables de son habileté à Saint-Evroul qu'il peupla de savants grammairiens. Il se chargeait lui-même de l'instruction des enfants; il leur apprenait la lecture, l'écriture et le chant.

Il copia de sa main un graduel et un antiphonaire à l'usage des monastères. Il fit copier à son neveu Raoul les sept premiers livres de la Bible et un missel. Il chargea également deux autres frères qui l'avaient suivi de Jumiéges, de copier l'exposition de saint Jérôme sur Ezéchiel, le Décalogue, la première et la troisième partie de Moralibus, les Paralipomènes, les livres de Salomon. Plusieurs antiquaires s'adjoignirent au zélé Thierry qui, pendant huit ans qu'il gouverna son monastère, parvint à former toute une bibliothèque, dans laquelle on remarquait tous les livres de l'Ancien et Nouveau Testament; tous les ouvrages de saint Grégoire; les traités de saint Jérôme, de saint Augustin, de saint Ambroise, d'Isidore, d'Eusèbe, d'Orose et d'autres docteurs. On sait ce que valait alors une bibliothèque. Saint Evroul, en très-peu de temps, devint un foyer de lumière, une école remarquable d'où sortirent d'excellents écrivains, tels que Bérenger, Goscelin, Raoul, Bernard, Turquetil, Richard et tant d'autres (1).

La famille Giroie, comme pour donner plus d'activité à l'étude des lettres, voulut faire partie de ce mouvement régénérateur, en joignant l'exemple aux bienfaits. Plusieurs de ses membres vinrent se ranger sous la conduite de l'abbé Thierry. Nous aimons à retrouver :

1° Guillaume Giroie, qui se faisait remarquer par son éloquence, l'aménité de son caractère et sa franchise toute chevaleresque ;

2° Robert de Grantemesnil, qui, après avoir été l'écuyer du duc Guillaume, pendant cinq ans, abandonna la carrière des armes, pour se faire moine à Saint-Evroul. Il était instruit et se faisait remarquer par sa mémoire heureuse et ornée. Des dons de sa mère Hadvise Giroie, il enrichit son monastère d'un grand psautier orné d'enluminures brillantes et variées. Ce livre avait appartenu à Emma, épouse de Ethelred, roi d'Angleterre.

Le moine Robert succéda à Thierry dans la charge d'abbé. La première année de son élévation, il songea à bâtir une vaste basilique qui put renfermer dans son enceinte l'église de la communauté, qui était

_____

(1) Ord. Vit., l. III, p. 48.

l'œuvre de saint Evroul, et qui était petite et rusti-
quement construite, *rusticani operis* (1).

Déjà il en avait fait dresser les magnifiques plans
par un de ses moines, habile architecte, lorsqu'il fut
forcé de prendre le chemin de l'exil. Il y fut suivi,
comme nous l'avons dit, par des religieux d'un mérite
éminent.

3° Raoûl Maucouronne étudia les saintes lettres
dans sa jeunesse. Les voyages alors étant regardés
comme indispensables à l'éducation, Raoûl Giroie
parcourut la France, l'Italie, recueillant dans les
écoles de ces pays ce qu'il y trouvait de plus remarquable. Il était devenu habile dans la dialectique, la
grammaire, l'astronomie, la musique, la physique. Il
se distingua à l'école de Salerne dans l'art de guérir.
Longtemps après sa mort, les populations de la contrée de Saint-Evroul conservèrent le souvenir de ses
cures merveilleuses.

4° Guillaume Guy, petit-fils du vieux Giroie, le
jour de la Toussaint de l'année 1060, fut conduit par
son père au monastère de Saint-Evroul. Il était âgé
de neuf ans. Ce jeune novice fit de si rapides progrès
dans la science et la vertu, qu'il mérita d'être surnommé Grégoire. La lecture, l'écriture, le chant et
surtout l'art d'enluminer les livres, le rendirent célèbre (2). Il avait orné sa mémoire des Epîtres de saint
Paul, des Proverbes de Salomon et de plusieurs de
nos Livres saints.

5° Renault, appelé Benoist, âgé de cinq ans trois

(1) Ord. V., liv. III, p. 79.
(2)   *Id.*, p. 77.

mois, avant la mort de son père, Arnaud d'Echaufour, prit l'habit religieux à Saint-Evroul. Il excella dans la lecture, le chant. On aimait à l'entendre raconter ce qu'il avait vu dans ses voyages.

6° Arnaud du Tilleul, neveu de Hugues de Grantemesnil, embrassa la profession religieuse à Saint-Évroul. Il sculpta lui-même un autel, qu'il fit consacrer dans l'église de son monastère, et qu'il dédia à sainte Madeleine.

Cette famille, amie de la religion et des lettres, après avoir ainsi fourni à son monastère un nombreux contingent d'hommes de lettres, n'y vit-elle pas briller des esprits du premier ordre?

L'abbé Osberne, en 1063, succéda à Robert de Grantemesnil : pour encourager l'étude des enfants, il leur faisait, de ses propres mains, des écritoires, enduisait leurs tablettes de cire. Osberne était érudit, éloquent : il cultivait avec bonheur la sculpture, l'écriture et les arts mécaniques (1).

Lui succéda, dans la charge d'abbé, Mainier, très-versé dans la grammaire, la dialectique, la rhétorique. Ce fut lui qui admit dans sa maison le jeune Orderic Vital, qui en devint l'ornement et la gloire. Après Mainier, parut Roger du Sap, ami de Lanfranc, et qui composa des hymnes en l'honneur de saint Evroul.

Guérin des Essarts, qui encouragea Orderic Vital à écrire son histoire ecclésiastique, et se distingua par son humilité, ses talents, ses poésies, ses lettres d'où s'exhale un parfum de la plus douce piété.

(1) Ord. Vit., liv. III, p. 40.

Jehan de Rheims, maître d'Orderic Vital, composa plusieurs ouvrages en l'honneur de Jésus-Christ, de la sainte Vierge et de saint Evroul.

Ce fut le moine Robert de la Garenne qui orna le texte des Evangiles, d'or, d'argent et de perles précieuses. Ce fut le peintre Renaud, surnommé Barthélemy qui orna avec art, et de différentes couleurs, le mausolée en pierres que le moine Arnaud avait fait élever sur la tombe de son père Robert (1).

Le moine Guimont excellait dans l'art de la musique et de la grammaire. Il composa l'*Histoire de saint Evroul* et plusieurs pièces de chant, dont les douces mélodies furent admirées à Chartres. Que d'autres noms je pourrais citer !

La lecture, l'écriture, la musique, la médecine, la grammaire, la poésie, le chant, la peinture, l'enluminure, l'architecture, la physique, la dialectique, l'histoire, la sculpture, l'astronomie, l'étude des Livres saints, les arts mécaniques trouvèrent donc un abri à Saint-Evroul.

Cette abbaye, en sortant de ses ruines, tout aussitôt fut peuplée de maîtres aussi empressés à développer le goût des études, qu'à assurer les revenus du monastère. Tous rivalisaient de zèle, comme des abeilles vigilantes qui travaillent en commun à approvisionner la ruche qu'elles habitent. En peu de temps, le monastère de Saint-Evroul (qu'on pourrait aussi appeler *le Géré*), devint une école florissante, où l'activité littéraire la plus étonnante se manifesta. Si, dans des

(1) Renaldus, pictor cognomento Bartholomæus, variis coloribus arcum tumulumque depinxit. (Ord. V., liv. VIII, p. 287.)

temps plus rapprochés, cet élan premier se ralentit, nous ne devons pas en être surpris.

Comme la vie des hommes, les meilleures institutions sur la terre ont leur naissance, leur printemps, leur déclin. Mais le mérite des fondateurs ne peut en souffrir d'altération (1).....

Transportés au milieu du xie siècle, nous assistons au travail de la société, s'arrachant péniblement aux étreintes de la barbarie, et appelant à son aide la religion, les sciences et les arts cachés au fond des cloîtres. Les intelligences qui comprirent le mouvement donné, qui le favorisèrent, n'ont-elles pas des droits à notre reconnaissance?

L'histoire à jamais, redira la gloire et la part que l'abbaye de Saint-Evroul prit à cette résurrection intellectuelle dont nous aimons à suivre les phases, la marche progressive.

De nos jours, la bibliothèque d'Alençon, n'est-elle pas encore riche des œuvres des enfants de Saint-Evroul? Tout dernièrement ne possédait-elle pas un magnifique manuscrit de l'*Histoire ecclésiastique* d'Orderic Vital? Ses rayons, que couronnent les élégantes sculptures en bois du *Val-Dieu*, n'offrent-ils pas aux visiteurs des in-folio, des manuscrits, des enlumi-

(1) En 1701, 6 avril, la bibliothèque de l'abbaye de Saint-Evroul possédait 4,031 volumes.

In-folio......................	912
In-quarto...................	586
In-octavo....	2180
Manuscrits et brochures...	350
	4,031

nures qu'ont transmis au XIXe siècle les moines de Saint-Evroul?

Ces précieux débris littéraires et artistiques, échappés aux ravages du temps, ne sont-ils pas les fruits de l'arbre planté par les Giroie, en 1050?

———————

TROISIÈME PARTIE

CHAPITRE PREMIER.

Eglise et paroisse de Saint-Céneri. — Leur origine. — Leur patronage donné aux moines de Saint-Evroul. — Église de Saint-Évroul. — Époque de la construction de l'église de Saint-Céneri. — Sa monographie.

Pendant le xe siècle, les guerres continuelles, le brigandage, l'opinion généralement répandue que la fin du monde approchait, pesèrent de tout leur poids sur les esprits abattus, et empêchèrent les églises dévastées de reprendre vie. Quand l'époque si redoutée fut écoulée, dit M. de Caumont (1), succéda l'activité la plus étonnante, qui imprima une impulsion fort grande aux arts et à la littérature. L'architecture, surtout, prit un caractère qu'elle n'avait pas auparavant (2). La renaissance fut, peut-être, plus manifeste en Normandie.....

(1) *Cours d'antiquités monum.*, 4e partie.
(2) Anno 1003, contigit in universo penè terrarum orbe, præcipuè tamen in Italia et in Galliis, innovari ecclesiarum basilicas... Erat enim instar ac si mundus ipse, excutiendo semet, rejectâ vetustate, passim candidam ecclesiarum vestem indueret. (ANDRÉ DUCH., tom. IV, p. 27.) — Les nouvelles églises bâties en pierres étaient blanches : les anciennes, bâties en bois, offraient un aspect plus sombre. (*Hist. angl.*, liv. III et IV.)

Ce n'étaient plus ces Normands avides et cruels, qui, autrefois, égorgeaient les moines pour s'enrichir de leurs dépouilles : c'étaient des vainqueurs jouissant du fruit de leurs victoires, convertis à la religion des vaincus, qui s'efforçaient, au milieu de leur apanage, de cicatriser les plaies qu'ils avaient faites.

Les Giroie, sur leurs terres de Saint-Céneri, suivirent l'élan donné. A peine eurent-ils, en 1040, élevé le siége de leur puissance féodale, dans cette presqu'île silencieuse, qu'ils songèrent à y faire revivre le service divin : des moines, selon l'usage du temps, furent appelés à remplir cette divine mission et à prier près du tombeau profané de saint Céneri (1). Près de la demeure du baron puissant, on vit s'élever le modeste manoir des moines, et probablement un oratoire se construisit dans les ruines de l'antique église du monastère mérovingien.

Au rapport d'Orderic Vital, en 1050, Robert Giroie, pour doter l'abbaye de Saint-Evroul, lui donna *Saint-Séneric*, les dîmes qui en dépendaient, la moitié des broussailles qui croissaient sur les rochers, et le droit de pêche dans la Sarthe ; toutefois, avec l'agrément et seulement sur la terre des moines qui desservaient ce *monasteriolum*, cette paroisse naissante (2).

Orderic nous révèle ici deux choses :

1° L'origine de l'église ou paroisse de Saint-Céneri ;

2° L'époque bien précise à laquelle Robert Giroie donna Saint-Céneri aux moines de Saint-Evroul.

(1) *Ubi erit corpus, illic congregabuntur et aquilæ.*
A l'odeur des tombeaux les aigles se rassemblent.

(2) Orderic, liv. II, p. 38.

A partir de cette donation, l'église de Saint-Céneri va se trouver comme enchaînée aux destinées du monastère de Saint-Evroul. Pour ce motif, et pendant quelque temps seulement, nous allons suivre, comme pas à pas, l'église mère pour mieux connaître l'histoire de l'église dépendante. Nous le savons, c'est faire diversion à notre sujet ; pour excuse, nous dirons qu'il nous en coûtait de laisser ensevelis dans la poussière des manuscrits, quelques détails que nous rencontrions sur notre route. Une note eût été trop longue pour les renfermer.

Avant le rétablissement du monastère de Saint-Evroul, son ancienne église dédiée au Prince des Apôtres, restait ignorée dans cette solitude silencieuse. Son complet abandon, ses murs couverts de lierres envahissants, ses ruines, ses souvenirs, impressionnèrent vivement l'âme de Guillaume Giroie qu'une pieuse curiosité amena dans ce désert, enclavé dans ses terres d'Echaufour. Cette église petite, construite en pierres et sans art, *rusticani operis*, remontait au temps de saint Evroul, qui l'avait bâtie vers la fin du VIᵉ siècle (560, 596). Guillaume Giroie, comme nous l'avons dit, chargea deux prêtres d'y faire revivre le service divin. Ils y vécurent dans l'humilité et la prière jusqu'à l'année 1050, époque où cette solitude reprit une nouvelle vie.

En 1059, Robert de Grantemesnil, étant abbé à la place du vénérable Thierry de Matonville, entreprit de bâtir une vaste basilique dans son monastère ; et d'y ériger plusieurs autels à la mémoire des saints. Il se proposait de renfermer dans les murs de ce monument, l'emplacement de l'antique église de Saint-

Evroul, et les tombeaux des pieux cénobites qu'elle renfermait. Mais les malheurs de sa famille le contraignirent d'abandonner son entreprise, et de chercher son salut dans la fuite (1). Aucun de ses successeurs ne fut assez osé pour poursuivre l'exécution de ce plan magnifique.

Osberne qui remplaça Robert, à Saint-Evroul, dans la charge d'abbé, songea aussi à procurer à sa communauté une église plus en rapport avec ses besoins. Il chargea un ancien chevalier, nommé Richard Heudicourt, originaire du Vexin, qui s'était fait moine à Saint-Evroul, d'en dresser les plans, d'en régler les dépenses, d'en diriger les travaux (2). Mais la mort d'Osberne suspendit un instant l'exécution de ce projet.

Mainier, qui prit les rênes de la communauté, le 16 juillet 1066, jeta aussitôt les fondements de cette nouvelle église, qu'il dédia à la sainte Vierge, à saint Pierre et à saint Evroul.

La construction en pierre de cette église offrait d'immenses difficultés. Il fallait faire venir les pierres d'appareil, *quadrati lapides*, des carrières du Merlerault, éloignées de plus de quatre lieues, traverser un pays boisé et marécageux. A peine trouvait-on des voitures, des bœufs, des chevaux pour le transport des matériaux.

Quand l'illustre Lanfranc, archevêque de Cantorbéry, assista en 1077, à la dédicace de l'église de

(1) « Nullus successorum ejus eâ mensurâ, vel ordine, seu loco, qui ipse destinaverat, prosequi ausus est. » On voit néanmoins, que l'art reprenait vie avec les communautés.

(2) Ord. V., liv. III, p. 115.

Saint-Etienne de Caen, il donna à l'abbé Mainier 44 livres de monnaie anglaise et 2 marcs d'or. Peu de temps après, il lui envoya de Cantorbéry, par dom Roger du Sap, son ami, 40 livres sterling. Ce fut par ce moyen que Mainier construisit la tour de son église et le dortoir des moines (1).

En 1080, dans des jours de calme et de paix (2), cet abbé fit le voyage d'Angleterre, accompagné de Roger de la Garenne, et de Drogon de Neuf-Marché. Il reçut du roi Guillaume, de l'archevêque Lanfranc et de plusieurs familles normandes qui étaient devenues puissantes dans ce pays, l'accueil le plus honorable. Ils lui donnèrent pour son église des terres, de l'argent et des ornements de grand prix. Le roi sanctionna de son autorité, et ses propres dons, et ceux des seigneurs de sa cour.

De retour à Saint-Evroul, Mainier déposa aux archives de son abbaye, la charte royale, et confirmative de tant de bienfaits.

L'année suivante, la reine Mathilde visita le monastère de Saint-Evroul, déposa sur l'autel de l'église un marc d'or; fit construire à ses frais un réfectoire, et donna à l'église des ornements parmi lesquels Orderic Vital mentionne une chasuble enrichie d'or et de perles précieuses (3). Ainsi, cette église sortit brillante de ses ruines. Néanmoins, elle ne fut consacrée qu'en 1099 par les évêques de Lisieux, d'Evreux et de Séez, en présence de puissants personnages de Normandie

(1) Ord. V., liv. III, p. 128, et liv. V, p. 395.
(2) *Id.*, liv. VI, p. 18. (*Serenitate prosperi temporis arridente.*)
(3) Liv. VI, p. 30.

7

et d'une nombreuse assistance. La *Neustria pia*, page 120, en donne des détails intéressants.

A différentes époques, l'église de Saint-Evroul fut dévastée et restaurée. En 1232, disent les annales de cette abbaye, un moine nommé Baudouin en jeta les premiers fondements; ce qui suppose que l'église, consacrée en 1099, avait disparu.

Nous ne pouvons retracer l'histoire de ce monument; seulement qu'il nous soit permis de donner place à quelques faits dispersés dans un manuscrit de la bibliothèque d'Alençon, classé sous le numéro 106.

En l'an VI de son pontificat (1529), Clément VII, en considération de la destruction de l'abbaye de saint Evroul, au temps des guerres et de la peste, accorda *un an et 40 jours d'indulgences* aux fidèles qui, avec les dispositions requises, visiteraient l'église de ce monastère, et contribueraient par leurs aumônes à sa réparation.

En 1588, à la suite des dévastations des calvinistes, l'église de Saint-Evroul fut comme réédifiée. Sa longueur alors était de 43 toises, sur 11 de largeur; ce qui formait, dit le manuscrit précité, 473 toises de *sa continence, intrà muros.*

Urbain VIII accorda aussi une indulgence plénière à ceux qui, dans les conditions voulues, visiteraient cette église...

Les armoiries des Giroie occupaient des places d'honneur en plusieurs lieux de l'abbaye.

Les papes Urbain..., Clément VII, Alexandre, Urbain V, Benoît XIII, Urbain VIII, Léon..., Alexandre VIII, Jean XXII, la protégèrent et l'enrichirent de priviléges.

Le cardinal George d'Amboise, Rotrou, Gauthier, archevêques de Rouen, les évêques de Lisieux, de Séez, d'Evreux, de Chartres, du Mans, furent aussi rangés au nombre des bienfaiteurs de Saint-Evroul. Mais revenons à notre sujet.

Les obstacles qui s'étaient opposés à la construction de l'église de Saint-Evroul, furent les mêmes qui retardèrent la construction de l'église de Saint-Céneri. Voici une autre raison qui empêchait l'abbé de Saint-Evroul de diriger les efforts de son zèle du côté de Saint-Céneri. Depuis 1060, la fameuse Mabile possédait la fortune des Giroie, à qui elle avait juré une haine implacable. Elle faisait rejaillir sa fureur sur les moines de Saint-Evroul. Leur crime, à ses yeux, était d'avoir pour fondateurs ces Giroie qu'elle détestait tant; plus d'une fois, à l'instigation de cette femme cruelle, Roger de Montgommery, son mari, fit peser sur les moines de Saint-Evroul un joug de fer. Mabile, qui avait immolé tant de victimes, tomba à son tour en 1082, sous le fer d'un meurtrier (1).

Roger de Montgommery convola à de secondes noces. Il épousa Adelaïde, fille d'Ebrard de Puiset. Cette épouse, sage et vertueuse, ramena son mari à de meilleurs sentiments. Il se rappela les maux qu'il avait causés aux moines de Saint-Evroul, et s'efforça de les réparer.

Il leur concéda entre autres choses:

1° Trente sous mançais de ses revenus d'Alençon pour l'entretien d'une lampe dans l'église de Saint-

(1) Ord. V., liv. V, p. 410 et 411.

Evroul, devant le crucifix (1). Cette rente devait être payée chacun an au commencement du carême (2) ;

2° Le passage d'Alençon et les coutumes qui, sur les terres du donateur, favorisaient les propriétés de Saint-Evroul.

3° Le droit de faire paître leurs porcs dans tous ses bois ;

4° Les dîmes d'Echaufour, des Planches sur Risle, l'église de Radon. On le voit, le comte Roger, en rendant aux moines ce dont il les avait dépouillés, ne mentionne point l'église de Saint-Céneri. Rentrés dans la libre possession de leurs biens, ceux-ci purent enfin paraître sur leurs terres de l'Alençonnais, et bâtir l'église de Saint-Céneri. Nous croyons que ce fut à cette époque (1083, 1084) que l'abbé Mainier construisit le chœur, les absides, les chapelles de cette église tels que nous les voyons aujourd'hui.

Les caractères architectoniques du XIe siècle viennent en aide à l'histoire pour appuyer notre opinion. En effet, dans cette partie de l'édifice et à l'extérieur, se dessine admirablement le petit appareil. Le plein-cintre couronne partout les fenêtres étroites et allongées. Leurs archivoltes avec l'alternance de leurs claveaux à couleur blanche et roussâtre, sont dépourvues d'ornements. Elles reposent sur de simples pieds-droits. Leurs armatures indiquent que leur vitrage était autrefois appliqué pour ainsi dire à l'alignement

(1) On le sait, dans les anciennes églises, le crucifix était placé entre le chœur et la nef.

(2) Quelques années après, Robert de Montgommery dépouilla les moines de cette rente : mais, en 1113, elle leur fut rendue par Henri Ier. (ORD. V., liv. II, p. 307.)

de la paroi extérieure des murs. La voûte de la chapelle septentrionale, son peu d'élévation, ses nervures
massives et arrondies; les colonnes des angles, leurs
chapiteaux, leurs ornements portent, sans conteste, le
cachet du xie siècle.

Alors, la porte principale était placée sous le crucifix actuel. Cette porte centrale était accompagnée de
deux plus petites qu'on voit murées aujourd'hui. Cette
disposition, dit M. de Caumont, était comme tradi-
tionnelle sous la période romane primitive. Aussi, la
retrouvons-nous fréquemment dans les églises du
xie et du xiie siècle. Les églises du Maine en offrent
de nombreux exemples. Celle de l'abbaye de Lonlay a
conservé la forme que nous venons d'indiquer.

En construisant l'église de Saint-Céneri, les
moines eurent soin de renfermer dans son enceinte
l'emplacement de l'antique église du saint abbé,
son tombeau vénéré et, autant que possible, les
anciens tombeaux de religieux qui se sanctifièrent
dans ces lieux (1). On retrouve ici la pensée de
l'abbé Robert qui, en 1061, se proposait de doter
sa communauté d'une magnifique basilique. Dans

(1) Comme nous l'avons dit, les murs des chapelles de l'église
de Saint-Céneri sont postérieurs aux tombeaux qu'ils recou-
vrent et qu'ils remplissent de mortier. Il est probable que ces
tombeaux furent primitivement placés en dehors de l'église du
saint abbé.

Nous n'avons rien remarqué à Saint-Céneri de l'époque mérovingienne, si ce n'est le tombeau du saint abbé, et les cercueils
des anciens moines. Les peintures que j'ai vues sur les débris
d'enduits trouvés dans le tombeau de Saint-Céneri, ne me paraissent pas remonter à une époque plus reculée, que celle des
anciennes peintures des murs de l'église.

ses plans, il avait arrêté que l'emplacement de
la petite église bâtie par saint Evroul, et où reposaient de précieuses reliques, serait respectueusement
renfermé dans les murs d'enceinte de la nouvelle
église.

Dans l'église de Saint-Céneri on déposa une
précieuse relique : c'était le bras du saint abbé. Les
Bollandistes, et Baillet, dans sa topographie des
saints, semblent dire qu'on l'avait obtenu de la ville
de Château-Thierry (1).

Quoi qu'il en soit, il est du moins certain qu'en
1094, lors du sac de la forteresse de Saint-Céneri, les
moines de Saint-Martin-de-Séez le transportèrent
respectueusement de l'église de ce lieu dans leur
monastère (2). Cette église existait donc.

Voici pourquoi on trouve à Saint-Céneri les moines
de Saint-Martin-de-Séez. Vers l'année 1056, Roger de
Montgommery, à la prière de son oncle Ives, évêque
de Séez, donna à Thierry, abbé de Saint-Evroul,
l'église de Saint-Martin-de-Séez, pour y fonder un
monastère. Thierry peupla cette colonie naissante, en

(1) Il était d'usage, alors, de détacher un bras d'un corps saint
pour le placer dans un reliquaire particulier. Ainsi Orderic Vital,
liv. VII, racontant le pieux stratagème dont usa Etienne, chantre
de Saint-Nicolas d'Angers, pour procurer à son monastère un
bras de saint Nicolas, son patron, dit qu'on conservait cette
relique sous le mausolée du saint Confesseur, *pour bénir le
peuple.* — De là aussi le bras de saint Ausbert, au Mont-Saint-
Michel; de là, la translation du bras de saint Evroul, de saint
Céneri, de saint Liboire, évêque du Mans, de saint Fraimbault,
et de tant d'autres, etc.

(2) Ord. V., liv. VIII, p. 419.

y envoyant plusieurs de ses disciples. Il les visitait souvent, c'était pour lui une retraite où il trouvait des instants de doux délassement dans ses travaux, dans ses peines.

Ces liens qui unissaient les deux maisons, au temps de l'abbé Thierry, ne devaient pas être oubliés en 1094, quand Robert de Bellême s'empara du château de Saint-Céneri et le réduisit en cendres. Ce farouche vainqueur, pendant une année tout entière, n'épargna ni les dépendances, ni les paisibles habitants de Saint-Evroul. Il les menaçait même de détruire leur communauté, s'ils ne reconnaissaient pas son autorité. Dans ces tristes épreuves, les moines dispersés de Saint-Evroul ne purent voler au secours de leur église de Saint-Céneri. Les moines de Séez furent chargés d'emporter dans leur église la relique dont on vient de parler (1).

Une charte d'Henri Ier, roi d'Angleterre, assure à l'abbaye de Saint-Evroul, les donations faites par la famille Giroie. Cette charte de 1128 (2) mentionne expressément l'église, les dîmes, les terres de Saint-Céneri; le manoir des moines, la dîme du blé, des vignes, des moulins, du marché, des légumes, du chanvre, du lin, le droit de pêche dans la Sarthe, etc.

C'était un prieuré que les Giroie dotaient ainsi. A différentes époques, les Papes sanctionnèrent de leur autorité cette fondation. Ainsi, en 1159, Robert II de Blangis obtint du Pape Alexandre III une bulle qui

---

(1) Ord. V. — Dom Piolin, IIIe v., p. 381.
(2) *Gallia Christ.*, tom. II, p. 207.

confirmait solennellement les prieurés ou celles de Noron, de Moulins, de Saint-Céneri, etc. (1).

Nous croyons que ce fut vers la fin de la vie du vieux Robert Giroie, c'est-à-dire vers l'année 1123, que furent construites la tour et la nef de l'église actuelle de Saint-Céneri. Orderic Vital, qui probablement avait visité ce monument, le décorait en 1133, du titre honorifique de basilique, ce qui, à notre avis, semble dire qu'il n'était plus incomplet, mais achevé : et, quoi qu'il en soit, on ne contestera pas du moins dans ces deux parties de l'édifice, les caractères de l'architecture du xiie siècle. Effectivement, les fenêtres plus larges et à plein cintre, les murs sans appareil régulier de la nef, diffèrent évidemment des fenêtres et des murs du chœur et des chapelles. A la base de la tour, et en dehors, il est facile de reconnaître l'accolement des murs moins anciens de la nef, aux murs des chapelles.

La tour placée sur le transept est privée de son toit primitif, qui a été remplacé par deux pignons en bâtière. Ses fenêtres géminées, ses colonnes en faisceaux, leurs chapiteaux, quelques têtes grimaçantes, des griffons sculptés et servant de consoles aux corniches, révèlent un acheminement marqué vers un nouveau genre d'architecture.

Dans l'intérieur du transept, les piliers massifs qui supportent la tour, leurs corniches peu élevées et interrompues par des maçonneries supplémentaires

(1) *Obtinuit ab Alexandro III, bullam quà confirmantur cellœ de Norun, de Molendinis, de sancto Senerico,* (*Gallia Christ.,* tom. II.)

qu'on y a soudées, indiquent, ce nous semble, que
primitivement, ils n'étaient pas destinés à supporter
ce monument, et que cette tour, dans son style sévère,
mais non dépourvu de majesté, et même d'élégance,
n'a été greffée sur les murs de l'ancienne église, qu'à
une époque postérieure à la construction du chœur et
des chapelles.

Dans le mur septentrional de la nef, on aperçoit
bouchée une porte, en plein cintre, dont les claveaux
cunéiformes sont, comme ceux des fenêtres, mi-partie
de pierres blanches et roussâtres. A l'opposé, et au
midi, la muraille a été réparée et n'offre plus aucune
trace de celle qui devait s'y trouver.

L'arc en plein-cintre de la porte principale actuelle,
ses claveaux, son archivolte, etc., me paraissent avoir
appartenu à la porte, qui, au XI⁸ siècle, était ouverte
au bas du transept, comme nous l'avons dit. Lors de
la construction de la nef, on l'aura descendue à la
place d'honneur qu'elle continue d'occuper (1). A
l'exception de la chapelle de la sainte Vierge, dont
la voûte en pierre indique, par sa lourdeur et son peu
d'élévation, les difficultés que les ouvriers d'alors
rencontraient dans ces sortes de travaux, le reste de
l'église de Saint-Céneri n'a pour voûte qu'un simple
lambris en bois. Celui du chœur qui, m'a-t-on assuré,
était orné de peintures, a été couvert par un plafond

(1) La porte principale, dans les anciennes basiliques, était
appelée *porte royale*, *basilica*. Elle ne s'ouvrait que dans les
grandes solennités. Celle du midi s'appelait *speciosa*, la belle
porte, à cause des ornements dont elle était enrichie ; comme on
le voit encore au Mans, à Chartres.

7*

en plâtre. *Jusques à quand*, ô badigeon insolent, couvriras-tu, de ton masque enfariné, les œuvres de l'art ?

Ainsi, deux époques se dessinent nettement dans les traits de la physionomie de l'église de Saint-Céneri. Le xiᵉ siècle nous apparaît dans le chœur et les chapelles (1083—1084). Le xiiᵉ se développe dans la nef et la tour (1123—1124).

Je n'ai rien dit des deux fenêtres à meneaux, ouvertes au fond des chapelles. Elles n'y ont été placées que vers le xiiiᵉ siècle, sans doute, pour donner plus de lumière à ces parties de l'édifice. Les fenêtres qui éclairent actuellement la nef et le chœur, le fronton qui surmonte la porte principale, sont d'un insigne mauvais goût et d'une époque toute récente (1835). (*Archives communales*) (1).

Dans le mur du chœur et au nord, on remarque en dehors une étroite ouverture, une sorte d'archière,

_____

(1) Pour combattre l'envahissement de ce mauvais goût, dans les restaurations et décorations des églises, plusieurs évêques de France ont nommé, dans leurs diocèses, des commissions de surveillance composées d'hommes compétents. Ces commissions sont chargées, avant l'exécution d'une restauration, d'émettre leur avis sur sa convenance. Le tout est soumis à l'approbation de qui de droit.

Quand tout est abandonné à l'omnipotence d'un zèle peu éclairé en cette matière, qu'advient-il trop souvent ? Chacun suit son goût. De là des dépenses regrettables. — Un de mes amis me disait dernièrement qu'il connaissait un autel qu'on a déplacé au moins sept fois depuis peu d'années. Nos cathédrales ont-elles toujours été à l'abri de ces déplorables restaurations ?

assez semblable aux meurtrières des châteaux du moyen âge : quelle était sa destination? Avant d'émettre une opinion, je crois devoir rapporter un antique usage.

Quand, au ve siècle, on découvrit, à Constantinople, les restes des quarante martyrs de Sébaste, sur la pierre de marbre qui couvrait l'entrée du tombeau, était pratiquée une étroite ouverture, par laquelle on descendait des linges pour les faire toucher aux ossements des martyrs (1).

Grégoire de Tours, cité par Mabillon (2), rapporte que, du temps de saint Grégoire le Grand, lorsque la grille qui entourait le tombeau de saint Pierre au Vatican, était ouverte, chacun pouvait, par une petite fenêtre placée au-dessus, voir et vénérer les reliques du prince des Apôtres. Au moyen d'un poids suspendu, on faisait descendre des linges, des voiles sur le tombeau ; et, ces objets ainsi bénits, disait l'immortel saint Grégoire à l'impératrice Constantine, femme de Maurice, n'opéraient pas de moindres miracles que les corps mêmes des saints (3).

Dans la ville d'Uzès, on remarquait une semblable petite fenêtre sur le lieu appelé *Confession*, où reposaient les reliques de saint Etienne. Un jour, un habitant du pays, à défaut de linges et de voiles, quitta sa tunique : parvint, par cette petite fenêtre, à faire descendre la manche de son vêtement sur le tombeau

(1) Fleury, *Hist. eccl.*, liv. XLVI.
(2) *Veterat. analect.*, IV, p. 563, *de Cultu sanct. ignot.*
(3) *Hist. de l'Eglise gallic.*, liv. VIII.

vénéré, en introduisant son bras nu dans l'intérieur du monument (1).

A Saint-Céneri, l'étroite ouverture dont on vient de parler, donnait, il est vrai, aux pèlerins étrangers, quand les portes du temple étaient fermées, la facilité de déposer leurs offrandes, de voir et de vénérer le tombeau du confesseur qui était en face, et au milieu du chœur; mais n'était-elle point plutôt un moyen de défense, à une époque où le brigandage était si commun? Dans plusieurs églises du xie siècle, nous avons rencontré la même ouverture, alors qu'il n'existait point de tombeau à vénérer. Les fenêtres étroites des anciennes églises, leur élévation du sol, ne nous rapprochent-elles pas de cette pensée? Si elles arrêtaient les flots de lumière qui auraient nui au religieux recueillement des fidèles, n'empêchaient-elles pas, en même temps, les voleurs de s'introduire dans le lieu saint?

Dans le mur de l'abside principale, et au midi, il existe une crédence ou piscine, dans la partie inférieure de laquelle on remarque deux cuvettes arrondies, percées de deux trous pour l'écoulement des eaux. Elle paraît accuser le xiiie siècle.

Du côté opposé, se trouve une petite armoire destinée autrefois à renfermer les objets concernant le saint ministère, c'est-à-dire les calices et autres vases

(1) Similis fenestella erat ad memoriam, seu loculum reliquiarum beati Stephani, in urbe Uzalensi..... ubi civis Uticensis, exutâ suæ tunicæ manicâ, eo quod orarium non haberet, eam per fenestellam memoriæ, ad interiorem locum, manu injectâ immisit. (*Vet. analect.* ut supra.)

sacrés (1). *Cette armoire autrefois était appelée para-torium.*

Au milieu du chœur, existe encore le tombeau de saint Céneri. Une dalle en ardoise, sans inscription, le recouvre. En 1857, l'autorité ecclésiastique en fit faire la visite. Ce tombeau fut trouvé vide : on n'y recueillit que des débris de mortiers couverts de peintures sans art et d'une époque reculée.

Le plan de cette église figure une croix latine. Elle offre trois absides, dont une est située à l'extrémité orientale du chœur, et les deux autres, moins grandes, sont plantées dans les chapelles, et aussi à l'*est*. Celle de la chapelle de la sainte Vierge *est plus vaste* que l'abside de la chapelle dédiée à saint Jean.

Dimensions de l'Église de Saint-Céneri :

Largeur de la nef, dans œuvre (*intra muros*).	7m.	75c.
Longueur de la nef....................	14	75
Longueur totale des transepts...........	9	10
Sa largeur entre la nef et le chœur.......	5	20
La chapelle de la sainte Vierge offre une profondeur de.....................	4	»
Et une largeur de.....................	3	87
La chapelle de saint Jean offre une profondeur de.....................	3	»
Et une largeur de.....................	3	71

On retrouve à Saint-Céneri, comme si souvent, la chapelle dédiée à la sainte Vierge, plus grande que celle qui lui est opposée.

---

(1) M. de Caumont, *Abécédaire*, p. 212 ; Fleury, liv. LXXXVIII, XIII ; dit que les Grecs nomment *four sacré* ce que nous appelons *piscine*.

Le chœur offre une profondeur de...... 6m. 20c.

Sur une largeur de.................... 6   14

La profondeur de l'abside principale offre.. 3   80

Sur une ouverture de................ 4   »

Nous n'avons pas mesuré les petites absides des chapelles. Leur entrée est complétement bouchée par deux autels.

CHAPITRE DEUXIÈME.

Peintures murales de l'église de Saint-Céneri.

En 1856, M. le curé de Saint-Céneri et M. Chadaigne, peintre à Alençon, découvrirent dans l'église de Saint-Céneri, sous un épais badigeon de chaux, plusieurs tableaux de peinture murale (1). Encouragés par le succès et par des amis, ils purent bientôt s'assurer que dans le chœur et dans les chapelles de cette antique église, la peinture autrefois brilla d'un vif et religieux éclat.

M. le préfet de l'Orne, informé de cette trouvaille artistique, s'empressa d'accorder à M. Dedeau, architecte du département, les fonds dont il pouvait disposer pour la restauration de ces fresques intéressantes.

(1) De dessous le badigeon qui, trop souvent, souille dans nos anciens monuments les œuvres de l'art, sortent donc des voix qui déposent en faveur du culte des saintes images ! *Si hi tacuerint, lapides clamabunt.* (Luc., xix, 40.)

Sur les peintures murales de Saint-Céneri, ce n'est pas tant l'art qui deploie la richesse de ses ressources, le fini de son travail, les nuances habilement ménagées de ses ombres, de ses couleurs, que les siècles, que le monastère de Saint-Evroul, qui nous apparaissent avec leurs légendes, leurs goûts, leur savoir-faire (1).

En pénétrant dans ce sanctuaire qui reprend vie, le visiteur tant soit peu ami des arts, s'arrête ; regarde... Les transepts sont sans sculptures ; mais pour suppléer à ce vide, il voit qu'on a eu recours à la peinture, qui a répandu sur la pierre de l'arc triomphal, les chevrons brisés, les bésants, les zigzags, les dents de scie, etc. Les couleurs des arceaux cunéiformes ont l'alternance du rouge de brique, du jaune, du brun et du blanc.

Cette peinture est apposée sur un enduit dur et poli comme le verre. On distingue le passage du stylet aigu qui traçait à l'artiste le travail sur un enduit fraîchement apposé (2).

Les corniches des piliers qui supportent la tour sont ornées de chevrons brisés et entrelacés, aux couleurs rouge, jaune et blanc, encadrés dans deux filets bruns (3).

Cette ornementation n'accuse-t-elle pas l'ère ro-

(1) Les moines de Saint-Evroul comptaient des peintres dans leurs rangs. (*Renaldus cognomento Bartholomæus.*)

(2) Ces ornements de l'église de Saint-Céneri ont été choisis avec intelligence par M. Chadaigne, peintre à Alençon, et transportés dans l'église d'Ancinnes.

(3) Les **T.L** qu'on aperçoit sur une des corniches ont été ajoutés tout récemment.

mane secondaire et l'époque de la construction de la nef et de la tour (1123-1128)?

Si du transept on s'avance au fond du chœur on y trouve l'abside principale, brillante de décorations polychromes. Chaque fenêtre a son ornement particulier. Dans l'embrasure des deux fenêtres latérales sont encadrés des rinceaux, entre deux filets servant de bordures, et à la couleur rouge pâle. Dans l'embrasure de la fenêtre du milieu on voit deux personnages historiques qu'il nous a été impossible de reconnaître.

La fenêtre du côté du nord est couronnée de dents de scie et de deux filets rouge et jaune : celle du midi est couronnée d'un méandre brun, bordé du filet de même couleur, qui lui-même est accompagné de deux autres filets, aussi rouge et jaune.

Dans le mur de l'abside, et au nord, existe une petite armoire enchâssée dans une large bordure, au milieu de laquelle serpente un fort zigzag blanc accompagné de briquetages inclinés en sens inverse.

Du côté opposé est pratiquée dans la muraille une crédence (nous avons dit qu'elle nous paraissait remonter au XIIIᵉ siècle) enrichie d'ornements assez gracieux. Sur les pieds-droits et sur l'arc en tiers point le peintre a représenté des pierres d'appareil, à l'alternance de couleur blanche et d'une teinte presque marbrée dans laquelle entre le rouge-ocre et le brun.

A l'intérieur de la crédence et sur les parois latérales brille un semis d'étoiles à six rayons, scintillant au milieu de fleurs plus grandes, à six pétales séparées et irrégulièrement dessinées.

Les angles de l'arcature sont couverts d'un filet rouge.

L'enfoncement de cet édicule est parsemé d'étoiles rouges et jaunes à six rayons. A la partie inférieure sont creusées deux cuvettes arrondies et percées de trous pour l'écoulement des eaux. On y remarque deux croix rouges peintes sur un fond blanc, au centre desquelles sont les trous de la piscine. Toutes les peintures de la crédence sont faites à la détrempe.

Mais élevons nos regards vers la voûte de l'abside ; nous apercevons Jésus-Christ assis sur un trône, environné d'une auréole elliptique, vêtu d'une longue tunique enrichie de broderies. Le Sauveur tient sa main droite levée pour bénir. Sous ses pieds, la terre qui lui sert de marchepied, *scabellum,* est représentée par une espèce de coffret à claire vue. A ses côtés, et aux angles du tableau, sont dessinés les quatre signes symboliques d'Ezéchiel, qui représentent les quatre évangélistes.

Le champ de l'auréole est parsemé d'étoiles à six rayons; autour des animaux et au fond du tableau, brillent des roses à cinq pétales accompagnées de fleurons. Ce tableau, souvent reproduit au XIIᵉ siècle (1), et tel qu'on le voit actuellement à Saint-Céneri, est l'œuvre de M. Chadaigne. Il a remplacé le même sujet grossièrement dessiné qui couvrait le tableau primitif (2)..

Sur la paroi du mur semi-circulaire de la même abside, du côté du sud, un personnage, le bâton de pèlerin à la main gauche, bénit de la main droite pour les guérir, un aveugle, un hydropique et un estropié.

---

(1) De Caumont, *Abécédaire,* p. 93.
(2) Le tableau byzantin de l'église d'Ancinnes en est la reproduction et la copie.

C'est le bienheureux Céneri. Son nom, qui surmonte le tableau, exclut tout doute à cet égard.

Du côté gauche, deux chevaux furieux et emportés, rappellent le miracle de saint Céneri conservant deux chevaux qui tombèrent de roc en roc dans la rivière, et qui, pleins de vie, gagnèrent la rive opposée.

Plus près du chœur, et toujours dans la même enceinte, saint Céneri est représenté prêchant l'Evangile au peuple de la contrée, et rappelant aux puissants du siècle la vanité des choses d'ici-bas et le tombeau qu'il leur met sous les yeux.

Du côté opposé, le livre que le jeune Flavard laissa tomber dans la Sarthe, semble être le sujet du tableau. Au-dessous de ces personnages, à la physionomie pieuse et ingénue, l'artiste a imité l'appareil dit de feuilles de fougère, *opus spiculatum*. On y retrouve encore le rouge de brique, le jaune, le brun et le blanc. Au-dessus des mêmes tableaux se développe une bordure formée de losanges placée de biais, et imitant les dents de scie en relief, encadrée entre deux filets, dont l'un est rouge-ocre, et l'autre jaune.

Après avoir visité cette abside et ces décorations, nous nous empressons de jeter la vue sur le pignon intérieur du fond du chœur. Au-dessus de l'arc de l'abside que nous venons de quitter, nous apparaissent les pieux épisodes de la mort de la sainte Vierge, de sa sépulture et de son couronnement dans le ciel. A droite, la vue se porte sur un convoi funèbre exceptionnel. Ce sont des anges aux ailes argentines, à plumes de paon, symbole de l'immortalité, qui portent dans un linceul éclatant de blancheur, le corps immaculé de la Vierge des vierges. Ils sont précédés d'un pieux cortége. Du côté gauche, les apôtres, saint Pierre à leur tête, entourent de respect le tombeau de leur reine. C'est le récit historié de *Nicéphore*, livre XV, de Jacques de Voragine, 2ᵉ v., et surtout de saint Jean Damascène (*oratio II de domitione Deiparæ*).

Au-dessus de ces scènes si naïves, la divine Marie s'avance, les mains jointes, vers son fils qui l'attend au ciel et qui lui tend les bras; il semble lui dire, en lui donnant la clé de ses trésors dont il la rend dispensatrice, et au milieu des anges qui préparent des couronnes :

> Venez, chaste colombe, humble mère que j'aime,
> Venez vous reposer sur un trône de paix :
> Recevez de mes mains l'immortel diadème;
> Régnez, sur mes trésors, triomphez à jamais !

Veni sponsa mea, veni coronaberis (1). — *Intende prospere, procede et regna* (2).

Au xiiiᵉ siècle ce sujet fut très-affectionné et très-fréquemment reproduit.

Sur le fond de ce dernier tableau scintillent des étoiles à six rayons flamboyants et allongés. Au-dessus du couronnement de Marie brillent de petits globules à la forme de besants.

Au-dessous du tirant transversal, le champ est parsemé d'étoiles grises, à six rayons entremêlés de points rouges. Des fleurs à cinq pétales séparées et de couleur rouge servent d'ornement.

Le tirant dont on vient de parler, ainsi que celui

(1) *De Canticis cant.*, c. IV. — *Breviarium Rom.*, die IV infra oct. Assumptionis B. M. V.
(2) *Ps.* XLIV.

qui est adossé à la tour, à l'intérieur du chœur, semblent avoir gêné le peintre dans l'exécution de son travail.

En face du chœur, et sur les parois latérales du mur du fond s'offrent à la vue deux personnages. L'un est à genoux, les mains jointes; des deux côtés de l'inscription suivante, on aperçoit la lettre P.

PARCE MIHI DNE

P.   ALE EGI, pour *male egi*.   P.

Nous traduisons ainsi : Pardonnez-moi, Seigneur, j'ai péché.

Nous croyons reconnaître ici Pierre II, fils de saint Louis, comte d'Alençon, et époux de la pieuse Jeanne de Châtillon. Voici pourquoi :

1° Les caractères graphiques de l'inscription me paraissent du XIIIᵉ siècle.

2° Sur le sceau de Pierre II, que nous avons trouvé aux archives de l'Orne, la lettre P est retracée des deux côtés de la tête de ce prince, et portée par deux lions. Dans l'église de Saint-Céneri, les lions n'ont point trouvé place (1); mais les deux P, espacés comme sur le sceau, n'ont pas été omis.

(1) L'église catholique a toujours banni de ses temples les images profanes : *domum tuam decet sanctitudo*, disent nos livres saints et après eux les conciles. Il est vrai, le moyen âge n'a pas toujours respecté cette loi liturgique; mais nous a-t-il donné le droit de l'imiter? Une fois la porte ouverte aux abus, où s'arrêtera-t-on? Ne serait-ce pas une sorte de profanation d'ériger dans une église, au milieu des statues bénies des Saints, la statue d'un personnage vivant? La peinture a-t-elle plus de privilège que la sculpture sa sœur? Gerson dit: « Pour autre chose sont faites les ymaiges, fors seulement pour montrer as simples gens, qui ne savent pas l'escripture, ce qu'ils doibvent croire. »

3° En 1272 (1), Pierre II épousa Jeanne de Châtillon. Il avait reçu de saint Louis, son père, le comté d'Alençon, auquel fut adjoint, en 1277, la terre de Saint-Céneri. Il combla de bienfaits la léproserie de Saint-Paterne, située au faubourg de Montsor (2). Jeanne de Châtillon fit des dons considérables à l'église et *as pouvres d'Alenson;* aux églises de ses terres, et aux églises voisines d'icelles (3).

Vers le même temps, le comte Pierre fit construire dans son château d'Alençon une magnifique chapelle qui fut ornée de splendides peintures. Nous pensons que celles qu'on voit à Saint-Céneri apposées sur de plus anciennes, et aussi à côté de quelques-unes plus modernes, remontent, pour la plupart, à cette époque, et sont dues à Pierre II (4).

Au-dessus de ce prince on voit sortir d'un nuage une main bénissante. On l'a ajoutée récemment à la place d'un objet qu'on ne distinguait pas très-bien.

De l'autre côté, un personnage debout, revêtu d'une aube et d'une chape, porte en tête la tiare pontificale ornée de la double couronne, et accompagnée du nimbe de la sainteté. C'est, croyons-nous, le pape Urbain V. Il tient étendu, un linceul blanc, au milieu duquel est empreinte la face de Notre-Seigneur. Près du nimbe de ce pieux personnage, on a découvert les caractères suivants :

S,..... Aη, P.P. V.

---

(1) Duchêne, tom. V, p. 528.
(2) Chronique manuscrite de Saint-Paterne.
(3) *Histoire de la maison de Châtillon.*
(4) Odol. Desnos, Ier v., p. 29.

Qu'on peut rétablir comme il suit :

S, URBAN, p.p. v.

Au-dessus de la tête de ce pontife, deux écussons se font remarquer :

Le premier porte : *de pourpre au chef danché d'or, surmonté de deux clefs en sautoir de même.* Ce sont les armes d'Urbain V, élevé au trône pontifical en 1362 (1).

Le second porte : *d'azur semé de fleurs de lis d'or à la bordure de gueules.* Ce sont les armes de Jeanne de Châtillon (2), dont la représentation sur les murs de l'église de Saint-Cénéri forma peut-être le pendant de celle de son mari, et fut remplacée par celle d'Urbain V.

Plusieurs souverains Pontifes du nom d'Urbain protégèrent l'abbaye de Saint-Evroul. Urbain V, qui avait été moine bénédictin et abbé de Saint-Victor de Marseille, fut du nombre de ces illustres bienfaiteurs (3).

Quand il se rendit à Rome, il rétablit la dignité du sacerdoce et la majesté du culte public. Ses premiers soins furent de réparer les anciennes basiliques, ces vénérables monuments de l'antiquité chrétienne, et de faire rendre aux saintes reliques les hommages qui leur sont dus. Ainsi, en 1368, les chefs des apôtres saint Pierre et saint Paul furent tirés de l'obscurité et de l'oubli, et montrés solennellement au peuple. La

(1) *Gallia purpurata*, et aussi le *magnum bullarium*, tom. V.

(2) *Histoire de la maison de Châtillon.*

(3) Le roi Charles V envoya à Urbain V deux fleurs de lis en pierreries pour enrichir la châsse de saint Pierre......— En 1370, Urbain V confirma les priviléges d'abbaye royale accordés à Saint-Evroul. (RENALD., XVI, p. 436.)

huitième année de son pontificat, Urbain V donna à
Jacques, évêque d'Arrezo, son vicaire à Rome, la faculté d'exposer aux regards des fidèles et à leur vénération la sainte face du Sauveur, et ce, les mercredi,
jeudi, vendredi et samedi de la semaine Sainte ; le
jour de la fête de l'Ascension, et le 1er dimanche qui
suit l'octave de l'Epiphanie (1). N'est-ce point cette
dernière particularité de la vie de ce pontife qui a
donné au peintre de saint Céneri l'idée de le représenter montrant lui-même au peuple cette précieuse
relique ?

Nous comprendrons facilement pourquoi le pape
Urbain V est représenté couronné du nimbe des
saints, lorsque nous nous rappellerons que son image
passa sur les autels dans presque tous les pays du
monde (2).

Avant comme après le traité de Brétigny, en 1360,
les trèves entre la France et l'Angleterre étaient aussitôt rompues que conclues.

Le fléau de la guerre, des bandes armées, désolè-
rent ces contrées (3). Alençon fut pour ainsi dire détruit. Les églises étaient pillées, ruinées, etc. (4). Celle
de Saint-Céneri fut-elle épargnée ? L'histoire ne nous
en dit rien ; mais ce fut, ce nous semble, dans ce
siècle, et vers cette époque, que la chapelle de Saint-
Céneri fut reconstruite sur les bords de la Sarthe, et
que les peintures de l'église subirent d'importantes

(1) Bolland., 4 fév., tom. I, p. 456.
(2) Hist. de l'Egl. gall., liv. XL.
(3) Renald., tom. XVI, p. 412.
(4) Odol. Desnos, 1er vol,. p. 399.

restaurations. Les deux tableaux qui représentent l'Annonciation et la Visitation de la sainte Vierge, sont deux pièces neuves sur du vieux.

Nous ne dirons rien des tableaux qui n'ont pas encore été restaurés.

Nous croyons en avoir reconnu plusieurs d'après les traditions de Saint-Evroul et de la famille Giroie, etc. Nous conjurons ceux qui dirigent la restauration des peintures de Saint-Céneri de ne pas souffrir qu'on y fasse la moindre addition, ni la moindre suppression. Mieux vaudrait ne pas restaurer.

Dans les peintures murales dont on vient de parler, nous retrouvons mélangées les traces du XIIe, du XIIIe, de la fin du XIVe siècle. Nous laissons à des plumes plus compétentes le soin de mieux fixer les époques, d'assigner à chaque siècle, à chaque tableau, et avec plus de précision, ce qui lui appartient. Qu'on nous pardonne de nous être engagé dans cette voie. Après avoir étudié les légendes de Saint-Céneri, les traditions de Saint-Evroul, notre but a été d'ouvrir la porte à de plus habiles, et de faciliter leurs recherches. Nous osons l'espérer, nos erreurs mêmes devront trouver grâce en faveur de notre bonne volonté.

En outre, en nous occupant de l'église et des monuments de Saint-Céneri, nous n'avons fait que d'accéder aux vœux du si digne directeur de la Société française d'archéologie pour la conservation et la description des monuments historiques : quand un tel maître encourage, le disciple travaille avec confiance dans la mesure de ses forces.....

CHAPITRE TROISIÉME.

Chapelle de Saint-Céneri, appelée aussi le petit Saint-Céneri.

Dans la vie de notre saint abbé nous avons vu qu'il aimait à se reposer et à méditer à l'ombre d'un bocage, sur les bords de la Sarthe. Ce lieu de souvenirs n'a pas cessé d'attirer la vénération des fidèles. On dit même que ce fut là que saint Céneri éleva son premier oratoire. Une chapelle commémorative y fut bâtie. On l'aperçoit au pied de la montagne, au milieu d'une prairie qui borde la rivière. Les fenêtres artistement travaillées, et surmontées de quatre feuilles encadrées, rappellent le xive siècle, bien que dans plusieurs parties du monument il se rencontre des types caractéristiques d'une architecture plus ancienne.

Dans cette chapelle délaissée, à la droite de l'autel, gît, sur le sol dépavé, un énorme bloc de granit légèrement incliné vers l'orient. C'est, dit-on, la pierre ou le lit sur lequel saint Céneri prenait son repos (1). Le renflement de la pierre, à une de ses extrémités, lui servait d'oreiller. Des mères viennent quelquefois

(1) L'histoire ecclésiastique offre de pareils exemples. Grégoire de Tours, *in glo. Confess.*, cap. vi, raconte que dans une église dédiée à saint Martin on conservait précieusement une pierre sur laquelle ce grand serviteur de Dieu s'était assis. « Extat nunc in basilica lapis super quam vir beatus dicitur sedisse. »

de fort loin, réclamer de la poussière de ce rocher, qu'elles emploient comme remède dans la maladie de leurs enfants : pratique observée autrefois au tombeau de saint Marcel, à Paris.

Le tableau de l'autel représente saint Céneri occupé sous un arbre, à lire et à méditer.

A droite de l'autel, se trouve adossée au pignon la statue mutilée de saint Céneri revêtu des insignes du cardinalat. Nous avons vu que pendant son séjour à Rome, le pape l'avait élevé au rang des sept diacres-cardinaux chargés de prendre soin des pauvres et des étrangers, dans les différents quartiers de la ville. Cette particularité a donné au statuaire l'idée de représenter saint Céneri en habit de cardinal. A cette occasion Ménage, dans son *Histoire de Sablé*, et plusieurs autres après lui, ont crié bien haut à l'anachronisme.

Sans doute aucun, au temps de saint Céneri, les diacres-cardinaux qui se partageaient les quartiers de la ville aux sept collines, ne portaient pas les habits tels que les ont portés depuis les éminentissimes cardinaux de l'Église romaine. Ce ne fut que l'année 1244, que le pape Innocent IV donna le chapeau rouge, *galerum rubrum*, aux cardinaux du clergé séculier. Paul II, qui mourut en 1471, par un écrit solennel, réserva aux cardinaux la barette, à la couleur écarlate, *Biretam coccineam* (1). Avant cette époque, la couleur cardinalice était le violet (2).

Dans les premiers siècles du christianisme, les clercs,

---

(1) *Devoti*, tom. I, p. 103, cité par Mgr Bouvier. — André, 1er v., p. 507.

(2) Fleury, liv. LXV.

hors leurs fonctions, n'avaient pas des habits différents de ceux des séculiers. Quand la paix fut rendue
à l'Eglise, la milice sainte ségrégée du siècle par ses
engagements, se sépara aussi de lui par son costume. Ainsi le concile d'Agde, célébré en 506, ceux
de Mâcon et de Lyon, célébrés dans le cours du même
siècle, défendirent-ils aux clercs de porter l'habit séculier (1). Donc, avant saint Céneri, qui mourut en
669, les clercs étaient tenus de porter la marque dis-
tinctive de leurs dignités (2). Pourquoi les diacres-
cardinaux n'auraient-ils pas été décorés de celle attachée à leurs nobles fonctions? O cent fois non, saint
Céneri n'a pu prendre le costume des cardinaux d'Innocent IV, puisqu'il florissait six siècles avant eux;
mais eux n'ont-ils pu rien prendre du costume des anciens diacres-cardinaux? Il est du moins incontestable
que l'Eglise, dans sa sagesse, n'a pas coutume d'im-
proviser précipitamment. Elle ne se départ pas facilement de cette maxime sienne : *Nihil innovetur.* Quand
elle adopte ou prescrit une chose quelconque, elle
aime toujours à étayer ses déterminations ou déci
sions, des traditions antiques, des usages des siècles
passés. Cela observé, nous laissons le champ libre à
la discussion.

Du côté opposé, est placée la statue de saint Mammès,

(1) Fleury, liv. XXXI.
(2) Le tableau qui représente saint Céneri dans l'abside de
l'église, lui donne un chapeau dont la coiffure est haute et a la
forme d'un cône tronqué. Une tête longue pouvait s'y emboîter.
Les bords arrondis ressemblent assez à un tore. Ne serait-ce
point l'ancienne forme de la coiffure cardinalice dont parlen
les archives des missions scientifiques, tom. VII, p. 322?

martyr, soutenant de ses mains ses entrailles qui sortent de son corps. Ce jeune soldat de Jésus-Christ souffrit la mort sous Aurélien, vers l'an 275 (1). Voici en quels termes Ribadeneira raconte son martyre :

« Le juge, perdant l'espérance de rien gagner sur
« l'esprit du saint, fit signe à l'un des satellites qu'il
« lui perçât le corps et le cœur d'une fourche de fer à
« trois pointes. Ce qui fut sur l'heure exécuté; et le
« martyr, répandant beaucoup de sang, dont une dame
« chrétienne remplit un vase, et même portant
« ses intestins, il passa tout joyeux au milieu du
« théâtre, afin d'offrir à Dieu le sacrifice de sa vie (2). »

Après ces paroles si simples, que croire de la fable burlesque d'une domestique en courroux, transperçant *d'une fourchette*, le corps de son maître, saint Mamert?

D'abord nous demanderons de quelle fourchette on veut parler? Sans doute, on ne veut pas armer cette femme en fureur d'une fourchette semblable à celles qui sont en usage dans nos maisons et sur nos tables. Nos fourchettes étaient inconnues aux Romains. On ne les connut en France que vers la fin du XIV° siècle. On ne les trouve, dit Chateaubriand, que sous le règne de Charles V (3). Or saint Mammès mourut en 275. Si on veut parler de saint Mamert, évêque de Vienne, qui mourut en 477, qu'on veuille donc nous indiquer

---

(1) Godescard, 17 août. — Fleury, liv. LXXVI. — Ribadeneira, 17 août. — *Actes des Martyrs des bénédictins de Solesmes*, 2me volume.

(2) Au rapport de Suétone c'était la coutume de juger les chrétiens sur le Forum, en présence du peuple. — Consuevisse judices judicare Christianos in foro, spectante populo. *Baluze*, II° v., p. 464.

(3) *Analyse raisonnée de l'Histoire de France.*

dans quelle légende, dans quelle vie, se trouve l'anec-
dote de la servante armée d'une fourchette, qui trans-
perce, sans pitié, le corps de ce saint évêque, son
maître ?

En 1204, lors de la prise de Constantinople par les
croisés, un prêtre nommé Galon de Dampierre, du
diocèse de Langres, demanda, les larmes aux yeux,
d'emporter dans son pays le chef de saint Mammès (1).
L'église de Langres, en 1209, sous l'évêque Robert
de Châtillon, fut enrichie de cette pieuse relique. La
cathédrale actuelle de Langres est placée sous le patronage de saint Mammès (2).

C'est bien à tort que saint Mammès est confondu
avec saint Mamert, évêque de Vienne. Aussi le repré-
sente-t-on, toujours et avec raison, sous le costume
d'un jeune laïque, et jamais sous celui d'un évêque.

Ce saint fut particulièrement invoqué dans le Perche et dans le Maine. Plusieurs églises dans ces contrées, en conservent la statue. Si d'inhabiles statuaires
ont déformé ce qui rappelle les souffrances de cet
illustre martyr, la religion, amie des arts, le déplore et
ne peut en être ni complice, ni responsable.

(1) Darras, *Hist. eccl.*, III* v., p. 313.
(2) Jeanne de Châtillon, comtesse d'Alençon, n'était-elle pas
de la même famille que l'évêque Robert de Châtillon? La dévotion à saint Mammès s'était-elle perpétuée dans cette famille?
N'était-ce point l'époque où la dévotion à saint Mammès se
répandit dans nos contrées?

CHAPITRE QUATRIÈME.

Chapelle dite église paroissiale. — Ses ruines. — Les quatre
églises de Saint-Céneri.

En sortant du village de Saint-Céneri, sur la route de
La Poôté, le voyageur voit à sa droite et au-dessus de
sa tête, les ruines amoncelées de la forteresse qui dominent en amphithéâtre ; à sa gauche existent quelques habitations champêtres, des jardins fertiles près
desquels on trouve les restes d'une ancienne chapelle.
Cet oratoire longeait la prairie. Il n'en existe plus
que la base des anciens contreforts de soutènement.
Les châtelains étaient obligés de descendre maints es-
caliers pour venir prier dans ce sanctuaire retiré.

Comme nous l'avons dit précédemment, au mois de
mai de l'an 1223, pour récompenser le zèle du chapelain du château, *pro recompensatione capellæ castri
sancti Senerici*, Gervais de saint Céneri, seigneur de
ce lieu, donna à l'église la somme annuelle de 25 sous
tournois, et au prieur, la somme de 5 sous, à prendre
sur la prévôté de Saint-Céneri.

On nous a indiqué approximativement les dimensions de cette chapelle. Elles nous ont paru être à peu
près semblables à celles de la chapelle de la prairie
dont nous venons de parler. On dit que cette chapelle
du château fut église paroissiale autrefois. Aucun document écrit n'est venu confirmer cette opinion populaire, qui pourtant ne paraît pas dénuée de proba-
bilité.

Les. habitants de Saint-Céneri, sans doute, pour donner plus d'importance à leur ancienne *villa*, racontent qu'elle posséda autrefois quatre églises. Il nous paraît certain que le château, selon l'usage, outre la chapelle dont on vient de parler, avait un oratoire privé, au fond de ses appartements. Cet oratoire, ajouté aux édifices religieux que nous avons décrits, forme le quatrième. Mais peut-on les appeler églises indistinctement?

CHAPITRE CINQUIÈME.

Quelques bienfaiteurs de l'église de Saint-Céneri, depuis 1597 jusqu'à l'année 1673.

Dans les temps de foi énergique, le chrétien don les espérances étaient pleines d'immortalité, ne traînait pas ses désirs dans la fange du présent. Il élevait ses pensées et son cœur dans une vie meilleure.

De là ce respect si tendre dont il entourait la tombe de ses ancêtres, de là ces pieuses offrandes pour la décoration et l'entretien de la maison de Dieu. En s'acquittant de la dette d'une reconnaissance toute filiale, il ne s'oubliait pas lui-même.

Un vieux registre de la fabrique de l'église de Saint-Céneri nous révèle qu'aux xvie et xviie siècles, plusieurs estimables familles de ce lieu marchaient sur les traces de leurs ancêtres, et en conservaient fidèlement les principes. Il nous est agréable de pouvoir faire connaître les noms de quelques pieux bienfaiteurs qui, peut-être, ont laissé des descendants dans la contrée.

Le 23 janvier 1597, par contrat passé au *tabellionage d'Alençon*, par-devant maître Mathieu Barbier, et Samuel Gillot, tabellions, Guillaume Bidard et Mathieu Fortin, *ung seul pour le tout*, s'obligèrent à faire une rente de *vingt-cinq solz tourgnois*, à la *fabrice* de Saint-Céneri, payable chaque année au terme de la Toussaint.

Les mêmes jours et an, Michel Davoust s'obligea à servir à la même église une rente annuelle de 15 sous tournois. Il s'obligea, en outre, à fournir un demi-sac de charbon rendu à l'église la *Nuict* de *Nouel*, et aussi à fournir l'huile de noix, la mèche et le *cordeau* nécessaires à l'entretien d'une lampe ardente, le tout payable à Noël. Le même jour et la même année encore, André Burgault, Claude Cuisnet, François Soutif, Gatian Roullant, *ung seul pour tous*, s'obligent à servir à la même église une rente annuelle de 50 sous tournois et *ung* pot d'huile de noix, le tout payable aux jour et fête de Toussaint. La part de rente de Claude Cuisnet était assise sur le pré *Franjours*. M. André Burgault fut depuis inhumé dans l'église.

Le 17 juillet 1597, Marin Sohier de Saint-Céneri, acheta de Julian Troussard le champ nommé Gebot, qui était chargé d'une rente de 20 *solz*.

La même année, Vincent Burgault, à l'acquit de son frère René Burgault, paya à la *fabrice* une rente qui consistait en une pinte de vin, payable chacun an, au jour de *grand Pâques*. Cette rente était affectée sur le lieu de la Maisonnette.

Vers le même temps, Jehan de la Vigne fonda une

rente de 25 *solz*, à la charge de la *fabrice* de faire chanter, par le curé ou le vicaire, chaque dimanche de l'année, au retour de la procession, et à *toujours mais*, un *subvenite*, sur sa tombe : — 15 sous de cette somme étaient destinés à la rétribution, et 10 sous au trésor de la fabrique.

La veuve Léonard Cure était tenue de fournir et de faire *benister* un pain, au jour de la fête de saint Céneri.

En 1602, la veuve Marin Marchand fonda une rente de 20 sous au profit de l'église.

Vers la même époque, les héritiers du seigneur de la Martinière, ayant la jouissance du pré de Mezières, servaient à la fabrique une rente annuelle de 7 sous.

René Edel, curé de Saint-Céneri, fonda une rente de 10 sous. Elle était assise sur une maison et sur deux jardins situés en *icelle* paroisse.

Vers 1610, on trouve au nombre des fondateurs Anthoine Fournerie (cette rente était hypothéquée sur la Bererie).

Pierre le Camus (sa rente était assise sur les Gaupillières) et Robert Leurson.

En l'année 1618, les noms de Thomas de Lastre, de Mathurine Renoult, de Nicolas Blanche, d'Ambroise Mainfray, de Paul Marquet, se trouvent aussi inscrits au nombre des fondateurs de rentes.

La rente de Nicolas Blanche était de 50 sous, assise sur la vallée Rondeau, et payable à la *nostre dame Angevine*. Telle était approximativement la liste des fondateurs des rentes de l'église de Saint-Céneri en 1673 (1).

(1) Nous avons puisé ces détails dans un manuscrit que nous a communiqué, avec une complaisance extrême, M. Durand, propriétaire à Hesloup.

8*

CHAPITRE SIXIÈME.

Prêtres qui ont exercé le saint ministère à Saint-Céneri.

Nous l'avons dit, les anciens Giroie établirent, au milieu des ruines du monastère de Saint-Céneri, de simples moines, qui, par leur vie simple et leurs pieux exercices, donnaient de la vie à ce triste lieu.

Quand ce *monasteriolum* fut donné aux religieux de Saint-Evroul, et érigé en prieuré, ceux-ci, en l'acceptant, contractèrent l'obligation de desservir cette église naissante : ce qu'ils firent jusqu'à l'époque où les fonctions du ministère pastoral furent jugées, par l'Eglise, incompatibles avec l'observance des règles monastiques. Alors les moines délégués dans les paroisses, rentrèrent dans leurs cloîtres, tout en conservant leurs bénéfices. Ils se firent remplacer dans les églises, dont ils avaient le patronage, par des *prêtres* ou *personnes*, *presbyter*, *personna*, nommés par l'évêque diocésain, qui portaient le nom de vicaires perpétuels, et à qui les gros bénéficiers accordaient pour vivre une part des dîmes, appelée la portion congrue.

Le patronage de l'église de Saint-Céneri continua d'appartenir aux moines de Saint-Evroul, jusqu'à la révolution de 1792. La cure était à la présentation de l'abbé.

Le prieur de Saint-Céneri était un religieux de l'abbaye de Saint-Evroul. Le nom d'un seul nous est parvenu ; celui du prieur *P. de Pice*. Avant le xvıe siècle, nous n'avons rencontré le nom d'aucun vicaire perpétuel ou curé. Depuis cette époque nous avons pu en composer la liste suivante :

En 1576, Ambroise Soutif, curé de Saint-Céneri, vendit à vénérable et discret maître Claude Besnier, curé de Moulins, pour 60 livres, le champ de Landouillère, contenant un journal environ (1).

De 1595 à 1604, vénérable et discrète personne maître René Edel remplit les fonctions de la charge pastorale à Saint-Céneri (2). En 1596, il fit réparer la charpente de la nef de son église, qui était toute rompue et *descouverte ;* pour ce, il fit faire 40 journées de charpentier dont chacune était payée 4 *solz,* la dépense non comprise. L'année suivante il rendit compte des *receptes* et *mises* de sa fabrique à M. *Sébastian* Malet, vice-gérant, commis de Mgr l'évêque de Séez, dans l'absence de l'archidiacre, en présence de maître Vincent Marchand, prêtre. Les *droicts* que M. l'archidiacre percevait pour sa *Visitation* annuelle se montaient à la somme de 15 sous.

(1) *Chronique de Moulins-le-Carbonel.*

(2) Les ruines du calvinisme étaient encore fumantes dans l'Alençonnais. L'église de Saint-Evroul venait de sortir des siennes, comme nous l'avons dit.

· Plusieurs huguenoteries peu éloignées de Saint-Céneri, entre autres celle du château de la Ferrière Bochart ; celle de la Chapelle, située entre Arçonnay et Hesloup, ne lui firent-elles point éprouver de cruelles alarmes ?

Un registre de la fabrique de l'église de Saint-Céneri, rédigé en 1597, commence ainsi :

Papier journal et brief estat des rentes dues à la fabrice et tressori de l'église de Saint-Cénéri-le-Géré, destiné à servir d'enventaire pour l'advenir, des receptes et mises, etc. Sur ce re-

En septembre 1602, M. le Vendangeur, grand archidiacre de Séez, prêtre licencié en *droict*, dans sa visite, ordonna aux paroissiens de Saint-Céneri de faire refondre leur cloche qui était cassée, de réparer la nef de leur église, et d'*achepter* un *antiphonier* : il leur donna un délai de six mois. Sur les comptes de cette année, on voit porter à l'article des dépenses, 15 sous pour frais de la Calende générale de monseigneur l'évêque de Séez (1).

En 1605, succéda à M. Edel, dans la cure de Saint-Céneri, maître René l'éan. En 1609, il avait pour vicaire M. Symon Bourdon. Il fit refondre la grosse cloche et raccommoder la petite.

On trouve à Saint-Céneri, à cette époque, Toussaint Sohier, prêtre, et René Soutif, sous-diacre. En cette année, 1609, les recettes de la fabrique de l'église s'élevaient à la somme de 19 livres 15 sous ; et les dépenses à la somme de 19 livres 19 sous.

En 1612, eut lieu à Saint-Céneri la calende générale du doyenné d'Alençon, tenue par Mgr l'évêque

gistre, il n'est parlé ni des comptes ni des revenus antérieurs à 1595. Tout semble à cette époque prendre naissance dans l'église de Saint-Céneri. Les années suivantes, les familles catholiques font, en sa faveur, de pieuses dotations. On couvre l'église, dont la charpente *est toute rompue et découverte :* on refond la cloche cassée ; on fait l'acquisition d'un tabernacle, d'un antiphonaire ! on répare la nef, la porte, les *victres*, etc. D'où provenait cet état de dévastation ; ne semble-t-il pas être l'œuvre des calvinistes qui, les années précédentes, et au nom de la réforme, avaient pillé les églises, chassé de leurs monastères les religieux et religieuses ; rançonné, mutilé, même les curés des campagnes. (*Chronique de Saint-Paterne.*)

(1) Assemblée générale des curés de la contrée convoquée par l'évêque.

de Séez. — M. François Soutif était prêtre à Saint-Céneri. Cette même année, maître *Symon* Bourdon, succéda dans la cure à M. Péan, Il fit réparer l'église et les *victres* de la chapelle de *Nostre* Dame. Pour cette dernière réparation il fut dépensé 37 sous.

En 1620, il fit raccommoder le calice d'argent. L'année suivante, il avait pour vicaire M. René Soutif. En 1622, il *achepta* un tabernacle de M. le curé de *Mieussé* (sic), pour la somme de 11 sous ; fit réparer le *pulpitre*, la porte de l'église, et paya pour pain et vin dépensés, au grand jubilé dernier, la somme de 12 sous. Il fit faire encore des réparations à l'église en 1625. Il conservait le même vicaire.

En 1633, il fit acheter, à Guibray, un voile pour couvrir le Saint-Ciboire.

M. Vendangeur, archidiacre de Séez, fut remplacé, en 1639, par M. Dufriche.

En 1641, la tour de l'église est réparée ; deux ans après la cloche est refondue ; en 1644, nouvelles réparations faites à l'église ; reliure des livres liturgiques ; solde de la façon de la toile à l'usage du culte.

En 1649, maître *Symon* Bourdon fut remplacé dans la cure de Saint-Céneri par M. Jacques Bourdon. La nommée *Mercière* lui donna 20 sous pour réparer les *victres* de l'église.

Ce fut lui et M. le Curé de la Ferrière, qui, le 26 décembre 1649, fixèrent les limites de leurs paroisses respectives. D'un commun accord, le bois taillis de la Garenne demeura tout entier au curé de la Ferrière, et le champ qui joignait ledit taillis, vers les Vaudanges, resta au curé de Saint-Céneri. Le chemin qui conduisait de la Garenne à la Rousselière, faisait la séparation des deux paroisses. La terre de Vaudanges resta à Saint-Céneri à prendre au carrefour de la Rousselière, etc.

Les deux curés, dans leur pacifique excursion, étaient accompagnés de M. de la Plesse, frère du curé de la Ferrière; de Louis Marquet, prêtre à la Ferrière, et de plusieurs honorables témoins.

En 1650, on blanchit, à la chaux, les murs intérieurs de l'église (sans respect pour les peintures murales).

En 1652, un banc est loué dans l'église à la *Meusnière*, pour la somme annuelle de 5 sous.

En 1655, refonte de la cloche.

En 1657, refection des piliers de l'église.

En 1662, pavage du haut de l'église et devant l'autel de la sainte Vierge — reliure du rituel.

En 1665, façon de deux aubes.

En 1666, don d'une chasuble de Berthe Croysé, qui laissa, en mourant, 20 sous pour en faire l'acquisition.

Ce fut M. Jacques Bourdon, curé de Saint-Céneri, qui procura, à Mabillon, la vie manuscrite du saint abbé, qu'on conservait au monastère de Saint-Martin de Séez.

En 1667, l'église de Saint-Céneri est recouverte.

Le 13 septembre 1668, M. Dufriche, archidiacre de Séez, dans la visite annuelle, défendit aux habitants de Saint-Céneri de souffrir des chiens dans le lieu saint. Il recommanda aux mères de sortir de l'église, quand les cris des petits enfants troublaient l'office divin. En outre, il ordonna la clôture du cimetière.

En 1668, M. Jacque Bourdon avait pour vicaire M. Gilles Marquet. — En 1692, le pont de Saint-

Céneri tombait en ruines : on essaya d'en faire supporter la dépense par l'administration civile.

En 1692, devint curé de Saint-Céneri, M. Fortin. Il y exerça le saint ministère jusqu'en 1728. Pendant cette si longue carrière pastorale, il eut pour vicaire M. Mallard.

En 1728, succéda à M. Fortin M. Lemoine. Il dirigea la paroisse jusqu'en 1757. Il eut successivement pour vicaires messieurs :

Ermenoux, en 1728 ;

(En 1734, on trouve à Saint-Céneri, M. Poupard, prêtre, supérieur des nouveaux *convertis* d'Alençon (1);

Halouze, en 1737 ;

M. Ermenoux revient à Saint-Céneri, en 1739 ;

Bouguerel, en 1741;

Rattier, docteur en théologie, en 1742 ;

Chevron, la même année : ce qui indique que M. Rattier n'y fit pas long séjour.

Marquet, en 1746 ;

Gillet, en 1751;

En cette dernière année, M. Lepin devint curé de Saint-Céneri. Il continua d'y exercer ses fonctions curiales, jusqu'en 1775. Il eut pour vicaires :

En 1759, M. Godeau;

En 1762, M. Martin;

En 1765, M. Chapelain ;

En 1769, M. Bossard;

En 1770, M. Foulebœuf;

En 1771, M. Desjardins;

(1) L'établissement des nouveaux convertis fut fondé à Alençon, par Mlle de Farcy. La duchesse de Guise lui donna une maison en 1677. *Odol. D.*, 1er v., p. 70.

Enfin, en 1774, M. Frédéric Dugas.

Le 29 juillet 1775, paraît, pour la première fois, sur les registres de paroisse, la signature de M. Dugas, en qualité de curé.

Nous n'avons, depuis cette époque, trouvé aucun nom de vicaire. M. Dugas, peut-être, cessa-t-il d'en avoir.

Les registres où nous avons puisé ce qui précède, l'un se trouve entre les mains de M. Durand, propriétaire à Hesloup, et les autres à la mairie de Saint-Céneri.

Les moines de Saint-Evroul, jusqu'en 1789, jouirent des bienfaits de leurs anciens fondateurs.

A l'époque de 1789, la paroisse de Saint-Céneri avait encore pour curé M. l'abbé Dugas. Il prêta serment à la constitution civile du clergé, tout en voulant, disait-il, demeurer uni au Saint-Siége; comme si la branche qui s'est séparée du tronc de l'arbre pouvait espérer encore en recevoir la séve vivifiante : en 1792, le gouvernement lui promit un traitement de 1,200 fr. Il fit l'acquisition du domaine de la cure. La maison presbytérale et le jardin furent conservés. Un dimanche de l'année 1794, m'a-t-on rapporté, M. Dugas disait la messe dans son église. On l'avertit qu'une troupe armée venait d'entrer dans le village. Ce prêtre infortuné sort précipitamment du temple, prend la fuite, mais deux coups de fusil l'étendent mort dans la rue du Presbytère. Il a été dit que le curé de la Ferrière, qui l'accompagnait, éprouva le même sort.

Pendant les jours de la terreur, le nom de Saint-Céneri n'était pas assez républicain. On le détrôna, et on donna à la commune le nom de l'*Ile-sur-Sarthe*.

Quand des temps meilleurs brillèrent sur la France,

la paroisse de Saint-Céneri fut annexée à celle Mieuxcé. Plusieurs prêtres essayèrent d'y planter leur tente ; mais ce n'était que pour aussitôt la transporter ailleurs. La pauvreté, plus forte que la plus intrépide bonne volonté, les contraignait de sortir.

De 1808 à 1813, M. Guernou desservit cette église délaissée.

De 1820 à 1823, M. Pavy la desservit à son tour.

En 1822, elle fut érigée en chapelle vicariale, et continua d'être annexée à Mieuxcé.

En 1832, M. l'abbé Lelarge; en 1833, M. l'abbé Bailleul, tous deux vicaires de Mieuxcé, furent chargés successivement de la paroisse de Saint-Céneri.

En 1836, M. Tane en devint curé.

En 1837, elle fut érigée en succursale. M. l'abbé Geneslay y fut nommé curé : il y resta jusqu'en 1851. M. l'abbé Retours lui succéda. Nous devons plusieurs renseignements utiles à l'obligeance de ce zélé ecclésiastique qui, pendant dix ans, ne négligea rien de ce qui pouvait faire revivre les pieux souvenirs de l'église confiée à ses soins. M. Gosnet, en 1861, fut son digne successeur.

CHAPITRE SEPTIÈME.

Relique de saint Céneri rendue à son église en 1858.

Depuis la dernière invasion normande, jusqu'à nos jours, les reliques de saint Céneri sont restées à Château-Thierry entourées de la vénération des peuples. En 1858, M. Retours, curé de Saint-Céneri, eut l'heureuse idée d'en réclamer une portion pour son église. Favorablement accueilli dans sa demande, il entreprit lui-même ce long et pénible voyage, rapporta tout joyeux, des bords de la Marne, un tronçon d'*un cubitus*, une extrémité d'une des côtes de son bien aimé patron. Ces restes mortels de saint Céneri étaient accompagnés d'un titre authentique de Mgr l'Évêque de Soissons. Mgr l'Évêque de Séez y apposa, sans conteste, son approbation. Dès lors, cette relique pouvait être exposée à la vénération des fidèles. Le dimanche 9 mai 1858 fut choisi pour célébrer le retour d'un père au milieu de ses enfants, après une absence de neuf siècles et demi. Voici quelques détails de cette fête d'inauguration : après leur entrée solennelle dans l'église de Saint-Céneri, et un discours prononcé par M. Louvel, chanoine de Séez, les reliques furent portées processionnellement à la chapelle du petit Saint-Céneri et dans le bourg. A cette fête imposante assistaient M. le doyen de Saint-Léonard, d'Alençon, dix autres ecclésiastiques, l'école normale d'Alençon et un concours immense de fidèles, dont la piété et le recueillement disaient assez qu'au xixe siècle, saint Céneri parlait encore, du fond de sa tombe, à ses enfants : *Defunctus adhuc loquitur.*

CHAPITRE HUITIÈME.

Noms et lieux remarquables à Saint-Céneri.

1° *Saint-Céneri.*

Sur le plan cadastral de la commune, les terres situées au sud et au sud-ouest de l'église, sont appelées Saint-Céneri. C'était, croyons-nous, l'enclos ou jardin du monastère.

2° *La Maison-Dieu ou l'Aumônerie.*

Près du lieu dont on vient de parler, et sur le versant de la colline, existe une pièce de terre appelée la *Maison-Dieu.* On pense que ce fut dans ce lieu, un peu séparé du monastère, qu'était bâtie l'hôtellerie où l'on recevait les pauvres et les étrangers. Ceci s'accorde parfaitement avec l'histoire et les usages monastiques, et aussi avec la vie de saint Céneri, qui trouvait son bonheur à exercer l'hospitalité.

3° *La Moinerie.*

C'est le nom que porte une petite pièce de terre située sur la plate-forme du rocher, près et au nord de l'église. Ce fut, dit-on, dans ce lieu, que saint Céneri bâtit son monastère. Nous ne partageons pas cette opinion : 1° Parce que la pièce de terre a trop peu d'étendue pour contenir un monastère de cent quarante religieux ; 2° parce que l'usage était de placer le monastère au midi de l'église. C'était à la Moinerie, près le marché, que l'on entrait sur la propriété des moines.

4° *La Massacre.*

Nom d'une ferme qui rappelle un de ces sanglants épisodes si peu rares dans les guerres du moyen âge. Ce fut dans ce lieu, dit-on, que fut massacrée la garnison du château. Y fut-elle surprise? Y fut-elle conduite après une défaite? C'est ce qu'on ne précise pas.

5° *Le gué de la Bataille.*

A peu de distance du village de Saint-Céneri, au delà du pont jeté sur le Sarthon, existe, sur la rive droite de la Sarthe, un hameau qui porte le nom de

Gué de la Bataille. Autrefois, il existait dans ce lieu une forge, qui fut remplacée dans la suite par un moulin. Il ne reste de l'un et de l'autre que des ruines. C'est là que l'armée anglaise, en 1433, levant précipitamment le siége de Saint-Céneri, fut taillée en pièces par la garnison du château, qui venait d'apprendre que l'armée de Loré, victorieuse à Vivoin, arrivait à son secours.

En 1655, honorable Jehan Bouteillier était maître des forges de la Bataille.

6° *La Porcherie.*

Ce nom porte avec lui son étymologie, et rappelle sa destination première. Au moyen âge, les châteaux, les monastères possédaient de nombreux troupeaux de porcs. Ils étaient logés dans le voisinage des forêts, où ils se nourrissaient de glands. Les seigneurs, fréquemment, accordaient aux moines le droit de faire paître leurs porcs dans leurs bois, sans exiger la redevance y attachée, appelée *Pasnagium.*

L'ancienne porcherie de Saint-Céneri a été métamorphosée en une jolie maison de campagne.

7° *L'Aberie ou l'Averie.*

Outre les porcheries dont nous venons de parler, les monastères possédaient d'autres troupeaux, auxquels les seigneurs étendaient le privilége du *pasnage.* Dans une charte de 1128, il est rapporté que les Giroie, entre autres dons, accordèrent aux moines de Saint-Evroul le *pasnagium,* et qu'ils l'étendirent aux autres troupeaux du monastère (1). L'Aberie ou l'Averie ne

(1) Dederunt pasnagium ad porcos suos, et ad alia averia sua. Charte de 1125. Voir le 1er v., 3e série de la *Bibliothèque des Chartes*, p. 410.

serait-elle pas la simple traduction du mot latin *Averia?* La lettre *v* n'est-elle pas prise souvent pour la lettre *b?* De là, *veneficium* pour *beneficium*, etc.

8° *Le Gué des Moulins.*

Ce lieu porte avec lui sa signification.

9° *Le Rocher de Saint-Céneri.*

C'est le nom qu'on donne au rocher sur lequel est bâti l'église, et qui en dépendait autrefois.

10° *La Barre.*

Dans le bourg et près des ruines de la forteresse, on remarque un chemin qui porte le nom de la Barre; nom qui se retrouve fréquemment dans les châteaux du moyen âge.

11° *Le Champ du Gibet.*

Une pièce de terre, située sur le penchant de la colline, et dans la direction et sur le territoire de Moulins-le-Carbonnel, porte le nom de Champ-du-Gibet. Là, étaient plantées les fourches patibulaires des hauts justiciers du château de Saint-Céneri.

12° *Marché de Saint-Céneri.*

Comme les villes en grand nombre, les foires et les marchés prirent naissance, se développèrent à l'ombre protectrice de la motte féodale. Erigeait-on une terre en chastellenie, baronnie, aussitôt, pour l'ennoblir davantage, et pour donner plus d'éclat à sa puissance, on lui octroyait le privilége de tenir foire, marché à certains jours.

Le château de Saint-Céneri jouit de ce privilége.

Une Charte de 1128 mentionne le marché qui alors se tenait à Saint-Céneri, chaque semaine, le jour du dimanche.

Les moines, ou leurs ayants cause, percevaient le *tonlieu* (1).

Ce droit leur avait été concédé par les seigneurs du lieu, leurs bienfaiteurs, et confirmé par Henry Ier, roi d'Angleterre.

Entre l'église actuelle de Saint-Céneri et le chemin qu'on a ouvert au milieu des rochers, et conduisant à Moulins-le-Carbonnel, existe, sur le sommet de la montagne, une plate-forme qui porte le nom de marché.

C'est le lieu où se tenaient les rassemblements d'une population agricole, apportant aux habitants du village les produits de son travail et de son industrie.

Cet emplacement vient d'être vendu par la commune, mais son nom survit; il n'est point aliéné:

C'est toujours le marché.

13° *La Pelterie et la Flèche.*

Deux fermes, qui n'ont de remarquable que leurs noms.

14° *Les Hautes-Garennes.*

Tout près de la *Massacre* existe un terrain bouleversé et à profondes excavations, appelé les Hautes-Garennes. On dit qu'autrefois on en extrayait de la mine de fer, et que même il y exista des forges à bras.

---

(1) Charte de 1128, insérée dans l'Orderic Vital de M. Leprovost, *Neustria pia*, p. 96. — Le tonlieu était le droit qu'on payait au seigneur pour étaler dans un marché.

CONCLUSION

Il est donc vrai que les campages de Saint-Céneri sont riches en souvenirs, et offrent, aux visiteurs amis du passé, d'autres charmes que ceux d'une Suisse toute française.

Un pieux ermite, dont le nom vit gravé en caractère indestructibles sur les rochers abruptes de cette solitude :

Une famille ancienne, fière autrefois d'unir son nom à celui de *Céneri*, et de planter sa demeure féodale près de son tombeau :

Des guerriers valeureux, succombant sous les coups d'ennemis puissants, ont, tour à tour, occupé nos loisirs, piqué notre curiosité et, plus d'une fois, excité notre admiration.

Cependant, quels contrastes dans les caractères, les rôles, la vie, la mort de ces personnages, dont les siècles ont respecté la mémoire et nous ont transmis les noms.

Le baron puissant, l'humble solitaire, Céneri, ont habité la même montagne; le premier, dans une forteresse inexpugnable; le second, dans une modeste cellule.

L'un est riche et redouté de ses ennemis; l'autre est pauvre et puise sa force dans sa faiblesse même.

L'un, tantôt vainqueur, tantôt vaincu, perd le lendemain les conquêtes de la veille;

L'autre, toujours maître de lui-même, ne voit jamais flétrir les lauriers de ses victoires; sa sainteté est son triomphe à elle-même.

Le guerrier meurt : sa gloire éphémère ne descend pas avec lui dans sa tombe (1).

Le moine obscur s'endort dans la paix du Dieu qu'il a servi : ses larmes, ses prières, ses jeûnes sont les

(1) Neque descendet cum eo gloria ejus. *Ps.* xviii.

trophées qui l'accompagnent au tribunal où sont jugées les justices mêmes.

Les restes mortels des héros de Saint-Céneri sont restés ignorés, jusqu'à nos jours. à l'ombre du boccage ou sous l'herbe de la colline.

Le tombeau de l'humble *Céneri*, sa cendre religieusement conservée, sont entourés d'hommages et de vénération depuis douze siècles.....

Et l'église qui lui est consacrée, que ne nous dit-elle pas à côté des ruines éparses, du château renversé? Elle élève son front glorieux et vieilli au sommet de cette montagne où a passé l'ange de la destruction. A sa porte bénie, l'empreinte rougie du sang de l'agneau, l'a préservée de la mort. Depuis bientôt huit siècles, elle affronte les vents et les tempêtes. Les révolutions, la guerre, l'irréligion, l'ont vue et ont respecté son antique et auguste enceinte.

C'est l'image de l'église de Dieu, bâtie sur la pierre ferme, dont les combats sont autant de victoires et dont l'histoire, a dit Pascal, n'est rien autre chose qne l'histoire de la vérité (1). Cette église, sainte et vénérable, a vu les siècles s'écouler; les événements, les générations se succéder; les royaumes et les empires s'écrouler. Au milieu des ruines des institutions humaines, elle seule élève sa tête toujours couronnée des traits de sa céleste origine; toujours sans rides et sans tache, toujours inébranlable, selon la promesse de son divin fondateur.

> *Salut!* arche d'amour, toi qui portes sans crainte
> En tous temps, en tous lieux, l'auguste Vérité,
> Toi seule de ton cours, laissant partout l'empreinte,
> Tu marches, une et sainte
> A l'immortalité (2).

(1) *Pensées*, chap. xxiii.
(2) *Chronique de l'Ouest*, 1er mai 1859.

1

2

3.

TABLE DES MATIÈRES

PREMIÈRE PARTIE.

Introduction. Page.................................. 1

CHAPITRE PREMIER.

Topographie ancienne des rochers de Saint-Céneri. — Que furent-ils sous l'ère celtique, et sous l'ère gallo-romaine ? —
Topographie actuelle de Saint-Céneri.—Sa population. P. 9

CHAPITRE II.

Restes de l'idolâtrie en France, aux vie et viie siècles. — Etat
probable des mœurs des habitants de Saint-Léonard et de
Saint-Céneri, avant l'arrivée de ces pieux solitaires dans le
pays. Page.................................. 14

CHAPITRE III.

Réflexions sur les anciennes légendes et en particulier sur la
légende de Saint-Céneri. Page.................. 17

CHAPITRE IV.

Orthographe du nom de Céneri, ses variantes. Page....... 21

CHAPITRE V.

Saint Céneri. — Ses premières années. — Il quitte la maison
paternelle; se rend à Rome qu'il quitte pour venir au Mans,
et de là dans le diocèse de Séez. — A la prière de saint Céneri,
une source jaillit d'un rocher. — Souvenir de ce miracle conservé dans la contrée. — Etat actuel de cette fontaine. P. 23

CHAPITRE VI.

Supplément au chapitre précédent. — Quelques mots sur l'arrivée, au Mans, de saint Céneri et de saint Cénéré, son
frère. Page.................................. 29

CHAPITRE VII.

Saint Céneri passe miraculeusement la Sarthe. — Son disciple
Favard laisse tomber dans l'eau un livre de prières. — Prédications de saint Céneri. — Son monastère, son église, sa
mort. Page.................................. 32

CHAPITRE VIII.

Pèlerinage au tombeau de saint Céneri. Profanateurs punis. — Miracles opérés. — Restes de ce pèlerinage. Page....... 36

CHAPITRE IX.

Hymnes et prières en l'honneur de saint Céneri. Page.... 38

CHAPITRE X.

Destruction du monastère de Saint-Céneri. — Tombeau des moines qui en rappellent le souvenir. — Des voleurs se retirent dans les ruines du monastère de Saint-Céneri. — Ils en sont chassés. Page... 45

CHAPITRE XI.

Raison du culte rendu à saint Céneri. Page........... 49

SECONDE PARTIE.

CHAPITRE PREMIER.

Rollon, duc de Normandie, donne à Abon la terre de Saint-Céneri. — Origine de la famille Giroie. — Giroie, seigneur de Saint-Céneri; ses exploits; sa mort. — Les enfants de Giroie. — Le comte de Brionne veut les dépouiller de leurs biens; il est vaincu par eux. — Sa mort. — Les filles de Giroie se marient honorablement. — Mort prématurée d'Arnaud, leur frère aîné. Page.. 55

CHAPITRE II.

Guillaume Giroie; ses qualités. — Geoffroy de Mayenne lui bâtit le château de Saint-Céneri. — Malheurs de Giroie. — Il prend l'habit monastique. — Ses donations. — Son voyage en Sicile. — Sa mort à Gaëte en 1057. Page................. 61

CHAPITRE III.

Foucher Giroie. — Robert Giroie. Il rétablit le monastère de Saint-Evroul. — Le monastère de Saint-Céneri n'est pas rebâti. — Siége du château de Saint-Céneri. — Mort de Robert Giroie. — Sa sépulture à Saint-Evroul. Page......... 71

CHAPITRE IV.

Les trois derniers fils de Giroie. — Maucouronne, ses voyages, sa mort. — Hugue Giroie. — Giroie. Page........... 78

CHAPITRE V.

Guy Boulein. — Eglise de Saint-Célerin, près Montfort. — Arnaud d'Echaufour; son exil; ses représailles; son empoisonnement; sa mort. Page................................. 81

CHAPITRE VI.

Siége du château de Saint-Céneri. — Défense de Quarrel, ses malheurs. — Saint-Céneri est rendu à Robert Giroie. — Bras de saint Céneri. — Le château de Montaigu est rebâti et démoli. — Robert de Saint-Céneri se remarie. — Il prend parti pour le duc Robert. — Le roi d'Angleterre veut l'en châtier. — Il en obtient la paix. — Sa mort. Page............ 90

CHAPITRE VII.

Le château de Saint-Céneri continue d'appartenir aux descendants des Giroie. — Seigneurs de ce lieu. — Le duché de Normandie rentre à la couronne de France. — Saint Louis donne Alençon et Saint-Céneri, qui en dépend, à son fils Pierre. Page............ 98

CHAPITRE VIII.

Ambroise Loré est chargé de la défense du château de Saint-Céneri. — Victoires qu'il remporte. — Siéges de la forteresse de Saint-Céneri. — Sa destruction. Page............ 106

CHAPITRE IX.

Etat de la contrée de Saint-Céneri pendant les dernières guerres des Anglais. — Terre de Saint-Céneri depuis la destruction du château. Page............ 115

CHAPITRE X.

Les descendants des Giroie se retirent dans le Maine. — Antoine Girois, seigneur de Neuvy; son épitaphe. — Jacques Girois, seigneur de Mayet. — Ses descendants. — Extinction de cette famille. Page............ 122

CHAPITRE XI.

Ruines actuelles du château de Saint-Céneri. Page...... 127

CHAPITRE XII.

Ce que les sciences, les arts et les lettres doivent à la famille Giroie, au xiᵉ siècle. Page............ 130

TROISIÈME PARTIE.

CHAPITRE PREMIER.

Eglise et Paroisse de Saint-Céneri. — Leur origine. — Leur patronage donné aux moines de Saint-Evroul. — Eglise de Saint-Evroul. — Epoque de la construction de l'église de Saint-Céneri. — Sa monographie. Page............ 141

CHAPITRE II.

Les moines de Saint-Evroul sont troublés dans la possession de leurs biens de Saint-Céneri. — Ils cessent d'en desservir l'église. — Ils en conservent le patronage. — Peintures murales de l'église de Saint-Céneri. Page............... 158

CHAPITRE III.

Chapelle de Saint-Céneri aussi appelée le petit Saint-Céneri. Page.................................... 169

CHAPITRE IV.

Chapelle du château dite église paroissiale. — Ses ruines. — Les quatre églises de Saint-Céneri. Page 174

CHAPITRE V.

Quelques bienfaiteurs de l'église de Saint-Céneri, depuis l'année 1597 jusqu'à l'année 1673. Page................... 175

CHAPITRE VI.

Prêtres qui ont exercé le ministère, à Saint-Céneri, depuis 1575 jusqu'en 1673; et ce qui s'est passé dans l'église de ce lieu, sous leur administration et pendant l'année 1793. Page . 178

CHAPITRE VII.

Relique de saint Céneri rendue à son église, en 1858. Page. 183

CHAPITRE VIII.

Noms et lieux remarquables à Saint-Céneri. Page........ 186
Conclusion. Page.................................... 191

ERRATA :

Page 2 : lisez l'humble solitaire au lieu de l'homme solitaire.
Pages 16 et 24, lisez Darras, sans apostrophe.
Page 82, lisez Braïellensis pour Bretellenus.

Le Mans. — Impr. Monnoyer frères. — Juillet 1865.

www.ingramcontent.com/pod-product-compliance
Lightning Source LLC
Chambersburg PA
CBHW070622100426
42744CB00006B/585